**Attente de Dieu**

# 在期待之中

[法]西蒙娜·薇依（Simone Weil）◎著
杜小真　顾嘉琛◎译

*Simone Weil*

华夏出版社
HUAXIA PUBLISHING HOUSE

# 目 录

法文版出版前言 / 001

**书简**
书简一：面对洗礼的迟疑 / 009
书简二：面对洗礼的迟疑 / 017
书简三：关于她动身远行 / 023

**告别的信**
书简四：精神自传 / 029
书简五：她的天赋禀性 / 051
书简六：最后的想法 / 055

## 论文

一、关于正确运用学校学习，旨在热爱上帝的一些思考 / 071

二、爱上帝与不幸 / 081

三、内心爱上帝的几种形式 / 099

  爱他人 / 100

  爱世界的秩序 / 118

  爱宗教礼仪活动 / 140

  友 情 / 157

  内在的爱和外露的爱 / 165

四、关于主祷文 / 171

五、挪亚的三个儿子和地中海文明史 / 181

  附篇：致一位修士的信 / 197

## 法文版出版前言

1909年2月3日，西蒙娜·薇依出生在巴黎斯特拉斯堡街的一所住宅里，如今这幢房子已经拆除，它位于现在的梅兹街上。

她的哥哥安德烈比她年长3岁，在他的帮助下，西蒙娜自幼就获得了文学和科学方面的知识，6岁时，她就能背诵不少拉辛的诗句。第一次世界大战让她的学业时断时续，尽管如此，1924年6月，她15岁时终于通过了文科中学毕业会考，成绩是"良"。考试委员会主席是一位中世纪前期文学专家，他在考试时给了西蒙娜19分，满分为20分。

她在维克多·杜吕依中学学哲学，师从于勒·塞纳[①]，以后，为进高等师范学校作准备，她在亨利第四中学学习两年，师从阿兰[②]。阿兰发现她有哲学天才，说在她身上具有"罕见的精神力量"。他十分善意地关注着

---

[①] 勒·赛纳（Le Senne, 1882—1954）："精神哲学"的奠基人之一，他发展了精神和道德的理性主义。

[②] 阿兰（E. A. Chartier dit Alain, 1868—1951）：法国哲学家，他致力于使哲学恢复其首要意义——"伦理"，即具有"广博知识"，能使人变得智慧，能控制各种欲望。

她，但指出她应当"避免作过于狭窄的用晦涩的语言表达的思考"，并说"她曾经想放弃那种抽象的、深奥莫测的繁琐探求——这对她来说是一种游戏——而进行直接的分析。"

她于1928年考入巴黎高师，1931年取得大学和中学哲学教师学衔，随即被任命为勒浦依市女子中学教师。1931年冬至1932年春，她在那里明确表态反对政府的压制政策，向市政府公开表示对该市失业者的同情并以实际行动援助他们。

她对《无产阶级革命》杂志社深怀友情，1932年开始同该杂志合作。这本杂志使她得以恰如其分地表述人间疾苦，表达她对劳动者处境的基本看法和感情。

1932年10月她被调到奥塞尔，1933年又调到罗昂。这时，她决定告假一年，以便全心全意地体验工人生活，夏天在汝拉山区她在干农活时就想做这种尝试。

她在雷诺厂找到一份工作，在厂附近租了一间房。尽管她患有头痛病，身体又虚弱，但她绝不允许自己的生活条件与车间工人有任何不同。

1935年，假期已告结束，她又重操旧业，在布尔日的女子中学任教，直到1936年夏离开那里。同年8月初，她前往巴塞罗那。她要亲自对"赤色分子"与"佛朗哥分子"之间的斗争作出判断。在数周的时间里，她在加泰罗尼亚前线同共和派军队一起饱受磨难，从内心深处感受到真正的战争灾难。后来，她返回法国。

由于疾病，她再次告假。直至 1937 年，她才去圣康坦女子中学赴任。1938 年 1 月，由于健康状况不佳，又不得不中断教学，直至第二次世界大战爆发。

1940 年 6 月 13 日，她决定离开巴黎，同年 10 月在马赛暂居。

1941 年 6 月，经女友介绍，她认识了 R.P 佩兰，当时佩兰正在马赛多明我会的修道院，两年后，佩兰被盖世太保逮捕。佩兰又介绍她同 G. 梯蓬①相识，她住在梯蓬家里，在阿尔代什逗留了一段时间。这期间，她经不住农家田间生活的吸引，干起了体力劳动，她帮助收庄稼或收获葡萄，与此同时，她并未放弃希腊哲学或印度哲学的研究，扩展梵文知识，并进一步确定了神秘主义和上帝概念的研究方向，这些研究促使她写下有关天主经和爱上帝的论文，读者在本书中可读到这些文章。

她在冬天返回马赛，继续同佩兰讨论、研究，在佩兰的要求下，她在马赛多明我会修道院地下小教堂的聚会上阐述自己对柏拉图和毕达哥拉斯学派的看法。

1942 年 3 月，佩兰被任命为蒙佩利耶修道院院长，他从未中断同薇依的联系。他们之间的会面、通信和交流只是在薇依离法时才中断。

---

① 梯蓬（G. Thibon，1903—?）：法国哲学家。他是一位自学成才的基督教思想家，始终从事田间劳动。他称，欲取得精神价值，必要通过扎根大地之路。

1942年5月15日前后，薇依在旅途中写信给佩兰，她称这封长信是她的"精神自传"。轮船于5月17日启程。她在卡萨布兰卡逗留了三周，经法国去美国的旅客都滞留在临时营地里，薇依在那里修改文章并定稿。她把这些文章作为精神遗产寄给佩兰。5月26日她又写了最后一封告别信，对15日的信的内容进行补充和阐发。

1942年6月底，她抵达纽约。法国临时政府委任她一项任务，她于是在11月10日动身去英国。

她在伦敦负责研究条令；她起草计划，撰写了一篇有关国家与个人之间的权利和义务的备忘录。她执意经受仍生活在法国本土的人们所经受的磨难，以至于拒绝医生因她过度疲劳而特别规定的食品供应，她严格地按照国内敌占区的同胞们的食物配给量领取食品。

她的健康状况严重恶化，1943年4月下半月住进了伦敦弥德赛克医院，8月中，又转到康特郡的阿斯福特疗养院。

人们在她的笔记本中发现的最后几个字是："教学的最重要方面＝对教会的认识（从科学意义上说）。"

薇依的整个一生都包含在这几个字里。

1943年8月24日，即住进阿斯福特疗养院不久，她就与世长辞了。

这里所发表的信件和文章，在她可以同佩兰保持联系的条件下,都是寄给他或交给他的。

《正确运用学校学习,旨在热爱上帝的一些思考》一文可能写于1942年4月,薇依把它寄给佩兰,他当时在蒙佩利耶任多明我会修道院院长,该文目的是帮助那些同佩兰有往来的大学生们。

《爱上帝与不幸》写于1942年春天,是在她离法前几天交给佩兰的。

《内心爱上帝的几种形式》是薇依在登船时交给佩兰的。因此,佩兰只是在她动身之后才得知其内容,当时的处境使他不可能作答,不可能向她解释文中远离天主教教义的那些分歧。

《主祷文》写于阿尔代什,也可能是写于她在梯蓬家暂住之后的日子里,正如她在书简四中所说,该文印证了她在那年夏天发现《主祷文》。

最后,《挪亚的三个儿子和地中海文明》一文,除了在历史方面作一切必要阐述之外,还提出了综合性的观点,乃至诸说混合论观点,并提及预示着基督教产生或与基督教相近的古代宗教,该文同薇依在离开马赛时所从事的一项重要研究是一致的。

出版者为这本集子取名为《期待上帝》,本意欲表达一种对薇依来说颇为熟悉的思想,即她经常用希腊文 $ἐν\ ὑπομένῃ$ 所说的:在期待之中。

# 书 简

# 书简一:面对洗礼的迟疑

(1942年1月9日)


亲爱的神父:

我给您写信……是想结束——至少在谈论新话题之前——我们之间这场与我有关的讨论。同您谈论我,我觉得颇为伤神,因为这是一个不足挂齿的话题;然而,您出于仁慈对我关心备至,我不得不作答。

近日来,我一直自问什么是上帝的意志,它表现在什么方面,人们以怎样的方法才能使自己完全符合上帝的意志。我想谈一谈自己的看法。

应当区分三个领域。首先,绝对独立于我们的领域;这包括此时此刻天地间已完成的一切,以及所有正在完成的或者不受我们影响的以后将完成的一切。在这个领域中,事实上所发生的一切都是上帝的意志,无一例外。因此,我们应当绝对热爱这领域中的一切,从整体上或局部上讲都是如此,甚至包括以各种形式表现出来的恶,尤其是自身过去的罪过——由于它们已经过去(因为,只要这些罪过的根源依然存在,就应当憎恨它们),自身过去的、现在的和将来的痛苦,还有——远远不是最困难的事——他人的痛苦，只要无人去缓解这些痛苦。换言之，应当毫无例外地通过一切外在之物去感知现实和上帝的存在，正如手通过笔杆和笔尖去感知纸的质地一样。

其次是受意志控制的领域。这个领域包括纯自然的、邻近的、很容易凭借智慧和想像表达的事物，在这些事物中，为了达到确定的和不变的目的，我们能够选择、支配并从外部结合既定手段。在这个领域里，必须毫无偏差地、及时地完成一切明确显现为义务的事情。当没有任何义务明确显现时，有时则应遵守或多或少主观确定的但却是固定不变的规则，有时则要随心所欲，但只是在某种有限的程度上进行。因为，罪过的最危险的形式之一——也许是最危险的形式——就是将无限置于根本上有限的范围之中。

第三个领域便是诸物的领域，诸物既不受意志的控制也同自然的义务无关，但也不完全独立于我们。在这个领域里，在我们值得接受上帝制约并就我们与之相称的准确意义而言，我们受到来自上帝的制约。上帝对真心诚意想着他的人有所回报，在酬谢的同时，上帝对他行使某种约束，这种约束同他对上帝的专心致志的爱形成严格、精确的比例。必须全身心地投入到这种爱的热情中，奔赴它所引至的确定地点，即使是向着善的方向，也决不多跨出一步。同时，应当始终如一地以更炽烈的爱心和关注想念上帝，并由此被不断地推向前方，成为某种越来越控制灵魂的约束的对象。当这种约束控制整个灵魂时,人就处于尽善尽美的境地。但是,无论人们达到何种程度,即使向着善的方向,也不得去做任何超越自己而身不由己被卷入的事情。

另外,我也思考过圣事的本质,也想同您谈一谈我的想法。

圣事具有神秘的特殊价值,因为圣事包含着某种同上帝的接触,这种接触是神秘的,但却是实在的。作为象征和仪式的圣事同时又具有某种纯人性的价值。在这方面,圣事同某些政治党派的歌曲、行为和口号并无本质上的差异。至少,从圣事自身来看并无本质上的差异,当然,从同圣事有关的教义来看,那有天壤之别。我认为大多数的信徒把参与圣事仅作为象征和仪式,其中包括一些根本不信圣事的人。尽管杜尔凯姆①的理论十分愚蠢——它把宗教与社会现象混为一谈,但却包含着一个真理,那就是社会感情同宗教感情相似得令人难以分清。这犹如真钻石同假钻石相似到令那些不具备超等鉴别能力的人完全无法分辨一样。此外,社会和个人参与作为象征和仪式的圣事,对那些已经确定走这条道路的人来说,在某个阶段上是一件极好的有益的事情。然而,这并不等于参与名符其实的圣事。我认为只有那些高于某种精神层次的人才可能参与真正的圣事。而那些低于这

---

① 杜尔凯姆(E. Durkheim, 1858—1917):法国著名社会学家。

种层次的人,确切地说,只要他们尚未达到这个水平,不管他们做什么,都没有入教。

至于我本人。我认为自己在这个层次之下。正因如此,那天我对您说我觉得自己不配参与圣事。这种想法并不像您认为的那样出于某种过分的疑虑。一方面,这种想法是意识到在行为和人际关系上确实犯有过失,您一定会认为这些过失是严重的,可耻的,而且是屡次重犯;另一方面,更有甚者,是一种贫乏的、空泛的感情。这样说,并非出于谦卑。因为如果说我具有这种谦卑的品德——这也许是最完美的品德,我就不会处于这种贫乏的可悲境地。

关于我的事,我最后再说几句。我之所以不入教,或许是由于我本人并非尽善尽美,或许是由于我的天性同上帝的意志相悖。在前一种情况下,我不可能直接纠正这种抑制,而仅仅是以非直接的方式使自己完善起来,如果神明助我的话。为此,一方面仅需在自然之物的领域里尽量避免过失,另一方面则应对上帝怀有更多的爱心和关注。倘若上帝的意志一定要我入教,那么,在我值得他将他的意志迫使我接受之时,他会将这种意志强加于我。

在后一种情况下,如果上帝的意志并不要求我入教,我又怎么能入教呢?我很明白您常对我说的那些话,您说,洗礼是自救的共同之路——至少在基督教的国度里,还说,我绝无理由是例外。这是不言而喻的。但是,倘若我确实不该走这条路，那我又能怎么办呢？如果顺从上帝的意志要入地狱，而违抗他的意志则可逃之夭夭的话，我还是会选择顺从上帝意志的这条路。

我觉得上帝的意志并不要我现在入教。因为，我已经对您说过，现今依然如此，当我对上帝充满爱心，专心致志祈祷时，那种使我置身于教会之外的抑制同其他时刻相比同样强烈。然而，当我听您说我的思想——正如我向您所说——并不是同教会格格不入，因而在精神上我对教会而言并非局外人时，我感到极度欣慰。

我不禁继续自问，在世上这么多人沉湎于物质追求之时，上帝是否并不愿意善男信女为他和基督献身？而这些人实际上并不信教。

总之，当我具体地——就像对待自己身边的某件事那样——来设想我入教的行为时，没有任何想法比那种让我同许多不信教的劳苦大众分开的想法更使我痛苦的了。我有这样一种基本需要，我觉得可说是天性，即深入到各种不同阶层的人中去，同他们打成一片，在良知容许的最大范围内，成为他们中的一员，融化在其中。这样做的目的是使他们如实地表现自己，不必为我而有所掩饰。这是因为我渴望了解各阶层的人，以便真正地去爱他们。因为，倘若我不是真正地爱他们，那么我所爱的就不是他们，我的爱也就不真实了。我所说的并不是帮助他们，因为，不幸的是，时至今日我尚无能力做到这一点。我想，无论在什么情况下，我将永不会入教，为的是不因宗教而使自己同普通人相隔。对一些人来说，这种间隔并不会造成严重的不妥，因为这些人由于自身灵魂天生的纯洁性已经有别于一般人了。而我则相反，我想已对您说过，我身上几乎孕育着各种罪过的萌芽。在一次旅行中，我深切地察觉到了这一点，具体的境遇我已经对您讲过。罪过使我感到厌恶，但并不让我吃惊；我感到在自己身上存在这些罪过的可能性，罪过才使我感到厌恶。这天生的禀性是危险的，也是很痛苦的，但是，正像一切天生的禀性那样，若我们得助于神恩，善于以适当的方式来运用这种禀性，那么它也能为善服务。这种禀性含着一种天赋。即无论何时都始终能隐姓埋名地同全体人类打成一片。然而，如今人们的精神状态发展到了这种境地，恪守教规的天主教徒和不信教的人之间的界限比宗教信徒和无神论者之间的区别更加明显，差距也更大。

我知道基督曾说过："凡在人面前不认我的，我在我天上的父面前也必不认他。"但在人面前不认基督，对众人来说，在各种情况下也许不意味着不信教。对一些人来说，这可能仅仅意味着不执行基督的教义，不弘扬他的精神，不适时地为他增添光彩，也不打算忠诚地为他献身。

是您使我知晓真理，但也因此我可能会顶撞您，尽管我心里十二万分地难过。我像一个微不足道的人那样热爱着上帝、基督和天主教信仰。我读过圣贤的文章和有关他们的生平，我热爱他们——除了个别的，我无法全身心地热爱他们，也不可能把他们视为圣人。我热爱六位或七位真正修行的天主教徒，他们是我在生活中偶尔相识的。我热爱礼拜仪式、宗教歌曲、教堂建筑和天主教的节庆典礼。但是除了教会同上述这些我所热爱的东西有关系之外，我对教会谈不上有任何确切意义上的热爱。我能同具有这种爱的人建立情谊，但我却体会不到对教会的爱。我知道所有的圣人都曾感受到这种爱。然而，他们几乎都是在教会中诞生，由教会哺育成人的。不管怎么说，爱不是由自己的意志所能赋予的。我所能说的只是：如果这种爱构成精神进步的一个条件——这一点我并不知道——或是如果这种爱属于我的天赋的话，那么我渴望有一天会得到这种爱。

也许，我刚才同您讲到的一些想法是虚幻的、很糟糕的，但是从某种意义上讲，与我无多大关系；我不愿再研究这些想法；因为经过这一番思考，我得出一个结论：毅然决然不再考虑我可能入教的问题。

很可能在数月数年中我完全不再想这件事，也许突然有一天，我会感到要求立即接受洗礼的不可抗拒的冲动，我会迫不及待地提出要求。因为心中圣恩的降临是静悄悄的、无人知晓的。

也许直至我生命终结之时，我也不会感受到这种冲动，但是有一点是肯定无疑的：如果有一天我深爱上帝而有幸得到接受洗礼的恩泽，那么我将一定在这同一天以上帝所欲的形式——或是从确切意义上所说的洗礼，或是完全以另一种方式——接受这种恩泽。既然如此，我还有什么忧心呢？我所要做的事并不是想着我，我的事是想着上帝。想着我的应是上帝。

这封信写长了。我又一次冒昧地占用了您许多时间，请您原谅。这封信暂且作为一个结论，以此为歉。

衷心感激您。

S·薇依

## 书简二：面对洗礼的迟疑

亲爱的神父：

这封信是我对您所说的作为结论的上封信的附言。我希望对您来说这是唯一的附言。我很担心您会感到厌烦。但是，倘若如此，要怪您自己。如果我认为必须向您谈出我的想法，那并不是我的错。

一旦您能不拒斥如此这般的我，那么至今使我止步教会之外的精神障碍从严格意义上讲可以说已不复存在。

经过深思熟虑，我认为这些障碍可归结为下列几点。我担心的是，教会是作为社会事物而存在的。这不仅因为教会自身的污浊，还由于教会除了其他特征之外，它是社会事物。这并非因为我具有强烈的个人主义气质。我所担心的理由恰恰相反。我天性合群。我天性极易受外界的影响，简直到了无以复加的地步，尤其是受外界集体事物的影响。我深知倘若此时眼前有一帮德国青年正在高唱纳粹歌曲，我的部分情感立即会变成纳粹式的。这是我的巨大弱点。然而，我就是如此。我想，以直接的方式来对付天生的弱点是毫无用处的。必须对自己进行强烈压制，才能在无可推卸的义务压来时，像自己并无此类弱点那样进行活动；在日常生活中，应当认识自己的这些弱点，谨慎对待并且尽量变害为益，因为这些弱点是完全可以充分利用的。

我惧怕这种教会的爱国主义，它存在于天主教的各界人士中。我所说的爱国主义是指人们对尘世故土的那种感情。我害怕，因为我担心自己会被感染。这并不是因为我觉得教会没有资格激发人们的这种感情，而是因为我不愿意具有这种类型的其他感情。愿意一词在此并不贴切。我知道，也真切地感受到这类感情是令我痛苦的，不管它的对象是什么。

一些圣人曾赞成十字军东征和宗教裁判。我不能不认为他们是错误的。我不能拒绝接受良知的光芒。倘若我认为我这样一个远不如他们高明的人，在某一点上比他们更加明白，那么我不得不认为就在这一点上，他们被某种极强大的东西遮住了双眼。这就是作为社会事物的教会。若这种社会事物损害了他们，那么对于我这个特别容易受社会影响、同他们相比虚弱无力的人又会受到何种伤害呢？

迄今为止，人们所说的和写成文字的任何东西，都比不上圣人路加[①]在谈到尘世王朝时提到的魔鬼对基督之所言深刻。"我把全部强权以及与之俱来的荣耀统统给你，因为它被赐予我和我欲与之分享它的每个人。"因

---

① 路加（Saint Luc）：《路加福音》的作者。

此，结果必是社会成为魔鬼的领域。肉体让人以"我"（moi）来说话，而魔鬼则说"我们"（nous）；或者如独裁者那样，用"我"（je）① 来说话，却带有集体的意义。魔鬼尽其自身伎俩假冒神灵和神灵的替代物。

我所说的社会一词，并不是指同城邦相关的事物，而仅仅指集体感情而言。

我很清楚，教会必定也是社会事物；否则它就没有存在的可能。但是，尽管它是社会事物，却属于世俗权贵所有。正因为教会是保存和传播真理的机构，对于像我这样极易受社会影响的人来说，才有极大的危险。因为，在同样的词语掩盖下，良莠相似又相杂，几乎构成不可分的混合体。

不管谁入教，天主教会始终都热情接纳。然而，我不愿被这样一个地方接纳，堕入口称"我们"的圈内并成为"我们"中的一分子，不愿置身随便什么样的人际环境中。当我说不愿意时，我并未表达清楚，因为实际上我愿意得很；这一切是那么美妙。但是，我觉得这对我来讲是不许可的。我觉得我必须或命定要独身一人，对任何人际环境来说，我都是局外人，游离在外。

上封信中，我说我需要同我所接触的任何环境打成一片，融入其中，这似乎是相互矛盾的；然而事实上，这源于同一种想法：融入其中并不是成为其中的一部分，

---

① 法语中 moi（我）是独立人称代词，而 je（我）是非独立人称代词。

同各种人打成一片并不意味着我属于其中任何一方。

我不知道是否能使您明白这些几乎无法表达的事情。

这些看法涉及世俗世界，倘若同圣事脱俗的特性相比，似乎可怜之极。但是，我担心的正是我身上超俗的东西和恶相互混杂。

饥饿是一种相对于食物的关系，与吃的行为相比，它当然远不如后者全面，但是同样真实。

这也许并非不可设想：在一个具有这种天性、这种气质、这种经历、这种天赋的人身上，渴求圣事而又被剥夺了参与圣事，可能比参与圣事构成一种更加纯洁的接触。

我丝毫不知自己是否也属此列。我深知这可能是某种不寻常的事，而似乎总有人妄自尊大，认为自己是不寻常的。但是，不寻常的特色完全可以不通过高人一等的方式表现出来，而是表现为比他人卑下。我想，我就属后一种情况。

正如我对您所说，不管怎样，我并不认为现在有任何同圣事真正接触的可能，而仅仅预感到这样的接触是可能的。更不用说，目前我不可能得知，我同圣事保持怎样一类的关系最合适。

我认为在一切重要的事情中，障碍不是被跨越的。倘若障碍产生于某种强烈的幻想，人们注视着它，该注视多久就多久，直至障碍消失为止，那我称为障碍的东西，就不是那种向善的方向每前进一步都要克服的惰性。

对于这种惰性，我深有体会。障碍完全是另一回事。倘若人们要在障碍消失之前跨越它们，那么可能会遭到回报。我想《福音书》中那段有关魔鬼从人体离去，七个魔鬼又回到他身上的故事正是指这类回报。

倘若我在不适当的情况下接受洗礼，随之而来的将会是内心的后悔，即使这后悔仅是一瞬间，极其轻微，想到这，我会感到厌恶。即使我确信洗礼是灵魂得到救赎的绝对条件，我也不愿意为了得到救赎而冒这风险。只要我不能肯定没有这种危险，我就不接受洗礼。只有当人们想到自己的行动是出于顺从时，才会有这样的信念。只有顺从是不为时间所转移的。

如果永生的灵魂在面前这张桌子上，我唾手可得，那么只要我想到自己不曾得到命令，我就不会伸手。至少，我这么认为。倘若，这不是为了我本人的灵魂得救，而是为了救赎过去、现在和将来的一切生灵，我明白，我也要这样做。对此，我会感到难过。但是，如果这仅仅涉及我个人，我几乎觉得并无痛苦可言，因为我所渴求的不是别的什么，只是完全顺从，直至上十字架受难。

然而，我无权这样表白。当我这样说时，我在撒谎。因为如果我渴望这些，我就会得到它；事实上，我经常迟迟未能尽职尽心，这些职责我觉得是显而易见的，本身是简单并容易完成的，就其可能产生的后果来看，对他人是至关重要的。

这样啰嗦地诉说我的琐事，会令您乏味，而且肯定是无益的，唯一的好处是可能使您避免对我有错觉。

　　我始终深深感谢您。您知道，这绝不是客套话。

S·薇依

## 书简三：关于她动身远行

(1942年4月16日)

神父：

若无意外的事，过一周我们将最后一次会面。月底，我将动身。

如果您有办法安排一下，我们能随意地谈一下文章的选择，那就太好了。可是我想这不太可能。

我一点儿也不想动身。我忧心忡忡，走已成定局。我对让我做出决定的那些判断没有多少把握，它们并不能支持我。指点我的那种思想好像多年以来已在我脑中扎根，以至我不敢抛弃它。尽管实现的机遇甚少。这种思想同数月前您不厌其烦地帮助我去实现而未获成功的计划比较相近。

实际上，促使我动身的重要原因是：鉴于事态发展的迅速和具体的处境，我觉得留在原地的决定也许是我本身意愿的一种活动。然而，我最大的愿望不仅是丢掉任何意愿，而且是丢掉整个自身的存在。

我觉得有某种事情要我动身。由于我确信这并非出于感伤，我便顺其自然。

我希望顺其自然，即使我弄错了。最后，我也将会被引向善终。我称之为善终的，您知道，就是十字架殉难。如果我不配在某一天上基督的十字架，那也至少要上善盗（bon larron）的十字架。在《福音书》中谈到的基督以外的其他一切人中，善盗是我最钦羡的。站在基督一边，与他一起受难，我觉得是一种令人羡慕的特权，远胜过站在他右边分享他的荣耀。

尽管动身日期已近，我的决定并非完全不可更改。因此，如果您有什么建议，还来得及提。但是，不必过分在意。您有许多更重要的事要考虑。

一旦动身，我想再见到您的机会就会很少。至于来世相会，您知道我并不这样看问题。但这无关紧要。我对您的友谊只需您的存在。

我会不由自主地怀着不安的心情想念依然留在法国的人们，尤其是想念您。但这也无关紧要。我相信您是这样一种人，任何风云变幻都不会对您有什么伤害。

遥远的距离并不能减轻我对您的负债心理，它正与日俱增。因为它不能使我不想念您。想念您而不想念上帝是不可能的。

请相信我的一片忠心。

S·薇依

又及：您知道，这次出走对于我来说完全不是为了逃避现实。我担心的是我的出走会在无意中不知不觉地造成我特别想避免的后果,即逃避。至今为止,生活十分平静。如果这种平静在我动身后正好消失的话,那会令我心寒。如果我能肯定这一点,我想我会留下的。如果您知道什么可供推断之事,盼能告之。

# 告别的信

## 书简四：精神自传

　　这封信非常长，但是，因为无需作答，尤其因为我的出走已成定局——可以这么说，您有数年的时间来理解这封信。务请一阅，不管何时都行。

　　　　　　　　　　　　　于马赛，5月15日前后

神父：

　　动身之前，我还想同您说几句，也许这是最后一次了，因为到了那边之后，我大概只会与您偶尔互通信息了。

　　我已经说过，我对您欠下了一笔巨债。我想确切地、如实地同您谈一谈这究竟是怎么一回事。我想，要是您能真正理解我的精神境界，就不会因我未接受洗礼而有任何忧虑。但是，我不知道您是否能做到。

　　您并没有给我送来基督教的启示和基督教；因为当我见到您时，这一切在无人过问的情况下已经完成，无需再做什么了。如果不是这样，如果我尚未沉浸于其中——不仅是不知不觉地，而且也是有意识地——那么您也不会给予我任何东西的，因为我不会从您那里得到什么。我对您的友情，本来会成为我拒绝您的信件的一个理由，因为我担心在圣事的领域里受到人为的影响而有可能犯错误和产生幻觉。

可以说，在我整个一生中，从不曾在任何时刻寻找过上帝。也因此——无疑是过于主观的看法，我并不喜欢这种说法，我觉得它是虚假的。从少年时代起，我就认为上帝的问题是在尘世中缺少根据的问题，为避免错误地处理——我觉得这是最大的过失，唯一可靠的办法是不提这个问题。因此，我避而不谈。我既不肯定也不否定。我想，解决这个问题是徒劳的，因为，我认为身在尘世，我们的事情是对这个世界上的问题采取最适当的态度，而这个态度并不依赖于上帝问题的解决。

至少对于我来说是这样，因为在态度的选择上，我从不曾犹豫；我所持的唯一可行的态度，从来就是基督教的态度。可以说，我从出生直至长大成人，一直接受着基督教的启迪。上帝这名称过去在我的思想中并无任何地位，而我面对着尘世和生活中的各种问题，曾持一种明确的、严格的基督教观念，其中包含这种观念所具有的最特定的概念。从我记事起，我头脑中就存在这样一些观念。至于其他观念，我至今还记得是何时以某种方式灌输给我的。

比如，我一直约束自己不去设想未来的生活，但是我始终认为死亡的时刻是生命的归宿和目的。我过去认为，对那些生活如意的人来说，在这一时刻，纯净、赤裸、确实、永恒的真理在一瞬间进入灵魂。可以说，我从未渴望过其他福祉。我曾认为能实现这种福祉的生命不仅仅由共同的道德所确定，对每个人来说，这种生命在于一系列纯属个人的行为和事件，这些行为和事件是如此必不可少，以致与之擦肩而过的人就达不到目的。我认为天赋的观念即如此，在本质上明显不同于由感情和理性而生发的那种冲动，我看到了在天赋所规定的行为中所作的选择，在这种冲动出现时不随之而去（即使这股冲动要人做出无法实现的事情），我认为这是不幸中的不幸。正因如此，我才设想顺从，当我进入工厂并在那里生活时，我的这种观念经受了考验。当时，我正处在那样一种刻骨铭心的连续痛苦中，这一点我不久前曾同您谈过。我一直认为最美满的生活莫过于这样的生活：一切由境遇或这样一些冲动所决定，而没有任何其他选择。

14岁那年，我陷入青春期不可自拔的绝望中，我很认真地想到死，原因是我的天资平庸。我的哥哥天资超人，他的童年和青年时期类似帕斯卡尔，正是他这种天资使我产生死的念头。我对外界的成就并不懊恼，而是因毫无希望进入这个唯有真正的大人物才能进入的真理所在的超越王国而懊恼。在生活中，没有真理，毋宁去死。内心历经数月的黑夜，我蓦然醒悟，并且永远确信，不管什么人，即使天资等于零，只要他渴望真理并锲而不舍地追求真理，就会进入这个天才所特有的真理王国。

这样,他也能成为天才,即使这个天才由于缺乏才干并不外露。后来,头痛症使我仅有的一点儿能力也发挥不出来,我马上觉得这也许是无法挽回的了,当时,还是这同一信念使我在十年间坚持不懈,进行了几乎无望的努力。

我把美、德行以及一切善都统称为真理,以至对我来说,这是一种宽容和愿望之间关系的观念。很久以来,我就坚信:当人们想要面包时,不会得到石头的。但是,那时我并不曾读过《福音书》。

我过去确信:欲望在以各种形式表现出来的精神财富领域里,欲望自身就拥有某种有效性,同样,我也确信欲望在其他任何领域里均告无效。

至于贫困精神,我不记得它何时不曾出现在我身上,只在极小程度上这种精神同我的不完美是相容的。自从了解了圣·方济各的事迹之后,我就深深地热爱着他。我总以为,也希望有朝一日,命运会迫使我落到流浪和以乞讨为生的境地,而他却是自由地做出这种选择的。我不曾料到,时至今日我尚未体验过这种生活。另外,我也不曾体验过坐牢的生活。

自孩童时代起,我就有仁慈待人的基督精神,我称之为正义,这词在《福音书》中多处出现,它多么美啊!您知道自那时起我曾在这一点上发生过好几次严重的动摇。

不管上帝的意志是什么都必须接纳,这种义务感在我的思想上占首要的和最重要的地位，若不尽这种义务，必然身败名裂，自从我在马可·奥勒留[①]的有关斯多亚派 amor fati（命运之爱）的著作中读到这些时，我就接纳了。

纯洁这个概念，以及这个概念对基督徒来说所包含的一切意义，在我16岁那年经历数月青少年所特有的感情焦虑之后，就占据了我的整个身心。我凝视着山间风光，这个概念就在我脑中出现，渐渐地成为不可抗拒的了。

当然，那时我很清楚，我的生活观是基督教式的。因此，我从不曾想过可能入基督教。我觉得自己生来就是基督徒。然而，若将教义本身添加到这种生活观中去，而非迫于某种事实，我觉得这是缺乏诚实的表现。若我将教义真理的问题作为一个疑问向自己提出来，或是仅仅想对此取得某种信念，我就会觉得自己不够诚实。对于精神的诚实我有一种极为严格的概念，以至于我从不曾遇见任何我认为不是在不止一个方面缺乏诚实的人；而我却一直担心自己不够诚实。

由于我这样摒弃教义，一种羞耻之心使我不便走进教堂，而实际上我很想进去。但是，我同天主教曾有三次极有价值的接触。

我在工厂待了一年，还未回学校重新任教，父母就把我带到了葡萄牙，一到那里，我便离开他们，独自去

---

[①] 马可·奥勒留（MarCus Aurelius，121—180）：罗马皇帝，哲学家。他研究修辞和斯多亚哲学。晚年著有《沉思录》。

一个小村庄里生活。可以说，我心力交瘁。耳闻目睹工厂中的不幸，扼杀了我的青年时代。到那时为止，我还不曾体验过不幸——如果不说我自身的不幸；这种不幸既然是我的不幸，我就觉得它无足轻重；再说，它也只能算部分不幸，因为这是生物意义上的而不是从社会角度上说的不幸。我深知世上有许多不幸，因此总是心神不宁，但是，我从不曾在长时间的接触中亲自目睹。当我在工厂的时候，不论在众人还是在我自己看来，我都已同大众打成一片，他人的不幸已融化在我的灵肉中。没有任何东西能使我与这种不幸分开，因为我确已忘却自己的过去，我也不期待任何未来，我难以想像有可能从这种疲劳中幸存下来。我在工厂里所经受的一切在我身上打下了永久的烙印，以至于今天如果有人——不论是谁，也不论在什么场合下——不以粗暴的态度同我说话，我就会情不自禁地认为准是错了。然而，不幸的是错误很快烟消云散。工厂生活在我身上留下了奴役的永久性烙印，正像古罗马人在最卑贱的奴隶额头上用烧红的烙铁打上的烙印一样。从那时起，我一直把自己视为奴隶。

正是在这种精神状态中，而且在身体状况十分糟的情况下，我来到这座葡萄牙的小村庄，这个村子，唉！真是贫困极了。那天正是主保瞻礼日，我独自一人披星戴月来到海滨。渔夫的妻子儿女手持烛火围着渔船列队举行宗教仪式，一边唱着显然很古老的感恩歌，曲调悲凉得让人怆然泪下。我无法用言语来表达。（除去《伏尔加船夫曲》，我从不曾听到过如此令人心醉的歌曲。）这时，我马上确信基督教是奴隶们最好的宗教，奴隶不可能不信基督教，而我就是这些人中的一个。

1937年，我在阿西西①度过了愉快的两天。我独自一人走进圣母玛丽亚天使教堂，这座教堂圣洁无比，圣-方济各曾经常来此做祷告，我平生第一次感到有某种身不由己的东西迫使我跪倒在地。

1938年，我在索莱斯姆待了十天，从圣枝主日到复活节的礼拜二，参加了所有的宗教祭礼活动。我时常头痛欲裂；教堂的每一点钟声都像敲打在我头上那样使我痛苦；我集中全部注意力才逐渐摆脱这可悲的躯体，让它独自蜷缩在一边受苦，我从无比优美的歌声颂词中得到了纯洁而完美的欢乐。这次经历使我通过类比更好地理解在不幸中有可能热爱神圣的爱。在祭礼活动中，基督受难的思想自然而然地永远在我脑中扎根。

在那次活动中，我遇见一个信天主教的英国青年，在他身上我平生第一次意识到了圣事的超自然的品性，在接受洗礼之后，他似乎散发着真正天使般的光芒。偶然（因为我一直喜欢用偶然而不说神明）使他真正成为我的一名使者。因为他使我认识到了十七世纪那些被称为形而上学的英国诗人的存在。不久以后，当我读他们

---

① 阿西西：意大利城市，圣·方济各的故乡。

的诗歌时,我发现了一首名为《爱》的诗,我曾经给您念过译文,可惜译文欠佳。这首诗我可以背出来。当我头痛症发作时,我经常背诵它,同时集中全部注意力,把整个身心同它所包含的柔情结合在一起。我本来只是把它当作一首优美的诗篇来背诵,但在不知不觉中这种背诵具有了祷告的效力。正是在一次背诵诗歌时,基督本人降临于我身,这些我已经写信告诉过您了。

在对难以解决的上帝问题的论述中,我不曾预料到这种可能性,即尘世间的人与人、人类与上帝的真正接触。我曾经隐约听说过这类事情,但是我从来就不信。在《小花》(Fioretti)中显灵的故事就像《福音书》中的神迹一样,尤其使我厌恶。再说,当基督突然降临我身时,无论是感官还是想像都不曾有任何参与;我仅仅在苦痛中感到某种爱的降临,这种爱就像在一位亲切的人的脸上所看到的微笑。

我从不曾读过神秘主义的作品,因为我从不曾感到有什么必要去读这样的作品。在读书时,我也总是尽力去顺从。没有任何东西比此更利于一个人的精神长进了,因为当我饥渴时,我尽可能地阅读那些我所渴望知道的东西,在那种情况下,我不是在阅读而是在进餐。上帝出于仁慈不让我阅读神秘主义的作品,以便表明我过去不曾制造过这种绝对意外的接触。

然而,我还是部分地拒绝了,拒绝的并非是我的爱,而是我的悟性。因为我当时确信,今天仍然这么认为,人永远不可能过分地违抗上帝，若这样做纯粹是出于追求真实的话。基督希望人们热爱真实胜于热爱他本人，因为基督在成为基督之前就是真实。若人们绕开他走向真理，不用走远就必定落入他的怀抱。

在这之后，我觉得柏拉图是一位神秘主义者；整部《伊利亚特》散发着基督教的光芒；还有，狄俄尼索斯①和俄赛里斯②从某种意义上来说就是基督本人。我的爱因此而加倍了。

我从不曾思索过耶稣是或者不是上帝的化身；而事实上，当我想到耶稣时，不可能不把他当作上帝看待。

1940年春天，我读了《薄伽梵－吉达》（《天主颂》）③。真奇怪，当我读到这些从上帝化身的嘴里说出的带有浓郁的基督教色彩的美妙言词时，我强烈地感到宗教真理给予我们的远非是一首动人诗歌所具有的吸引力，而是一种不寻常的极强的吸引力。

然而，我并不认为能向自己提出接受洗礼的问题。我觉得我不可能真正抛弃对非基督教的其他宗教和有关以色列的感情（事实上，随着时光推移和我的不断思索，这种感情变得越加强烈），我认为这是一个不可逾越的障碍。我不曾设想过这样的可能性，即一位神父有可能想到为我施洗礼。若我不曾遇见您，我便永远不会把受洗

---

① 狄俄尼索斯（Dionysos）：希腊神话中的酒神。
② 俄赛里斯（Osiris）：古埃及神话中死者的保护神。
③ 《薄伽梵－吉达》（Bhagarad－Gita）：《天主颂》，梵文哲理诗，薄伽梵即世尊，释迦牟尼。

礼作为一个实际问题向自己提出来。

在整个精神演进的过程中,我从不曾祈祷过。我惧怕祈祷的启示力,正因为这种启示作用,帕斯卡尔劝诫人们去祷告。在我看来,帕斯卡尔的这种方法是建立信念的最糟方法之一。

同您的接触并未能使我信服祷告。正相反,我觉得这尤其令我担忧,因为我必须提防我对您的友谊所产生的那种启示力。与此同时,不祷告并且不把此事告诉您,会使我感到内疚。我知道我告诉您而又不使您对我有错误的看法是不可能的。若真是那样,就无法让您理解我。

直至去年9月,我还不曾作过一次祷告,至少从祷告这个词的词面上讲是如此。我从不曾向上帝表白过什么,不管是说出声的或是默默表示。我从不曾做过一次礼拜仪式的祈祷。我曾偶尔背诵过《圣母颂》,但这仅仅是把它当作一首优美的诗来背。

去年夏天,我向T学习希腊文……我用希腊文逐字逐句阅读了《主祷文》,当时我们商定要背下来。我想他并未做到。当时,我也没有做到。几周以后,在翻阅《福音书》时,我对自己说,既然我做过允诺,而且这是一件好事,我就应当背下来。我这样做了。这篇希腊文的经文读来悦耳动听,令我陶醉,以致在数天之中,我情不自禁地继续背诵。又过了一周,我参加收获葡萄的劳动。每天干活之前,我都用希腊文背诵《主祷文》,在葡萄园里我又重复背诵。

自那时起，我就要求自己每天早晨必须全神贯注地背一遍。要是在背诵过程中走了神，或是精神恍惚，哪怕只是一瞬间，我就要重新开始，直至某次我能完全集中注意力为止。有时，纯粹出于乐趣，我会重新背一遍，但是只有在我有这种愿望时才这么做。

背诵经文的功效是异乎寻常的，每次都让我惊讶不已，因为尽管我每天都体验到这一点，可每次都出乎我的预料。

有时，头几句经文就使我的思想脱离肉体飘然而去，将它带到空间以外的某个地方，从那里望去，一片冥茫。空间敞开了。感官的普通的空间无限性由第二等级——有时是第三等级——的无限性所替代。与此同时，在这种无限的无限性之间是一片寂静，这种寂静并非无声，而是积极感觉的对象，它比声音的感觉更为积极。如果说有什么响声，那它也只有穿越了这种寂静之后才传到我这里。

有时，我背诵经文或干什么别的，基督亲自显身，他的显身比他首次降临到我身上更为实在，更加扣人心弦，更清晰，更充满爱。

倘若我不动身的话，我永远不可能同您谈这些。我要走了，或多或少想到可能死亡，我觉得我无权不把这些说出来。因为说到底，这一切并不涉及我，涉及的只是上帝。我是微不足道的。若人们能假定上帝会犯错误，我便认为这一切是错误地降临在我身上。但是，也许上帝喜欢使用废料、废零件、滞销品。说到底，圣体饼即使已经发霉，经神父祝圣之后，它还是基督的躯体。只不过神父不能拒不接受这一点，而我们则可以不听命。有时，我觉得自己得到如此宽宏大量的待遇，因而我犯的也许是弥天大罪。而且，我一直在犯罪。

我已说过，您对于我既像父亲也像兄长。但是，这些词只表明一种相似而已。也许，这些词从根本上讲仅仅意味着一种热爱、感激和赞赏的感情。因为，我认为上帝自己从一开始就把握着我的灵魂精神，为它指点迷津直至今日。

虽是这样说，我对您依然欠下了我对人所能欠下的最大一笔债。下面说一说这笔债究竟何在。

首先，在我们认识后不久，有一次您曾对我说过一句话，这句话说到了我的心坎里。您说："您要注意，因为要是由于您的过失而错过了某件大事，那会令人遗憾。"

这使我看到了精神廉正这种义务的一个新的方面。在此之前，我始终只把它设想为同信念相对立的东西。这似乎是可怕的，事实上并非如此。正好相反，这是由于我感到我所有的爱都在信念这一边。您的话使我想到，也许在我身上存在着对信念的不纯净的障碍、偏见和习性，而我并不知道。我觉得，这么多年以来我曾一直对自己说："也许这一切并不真实"，我不是不应当再对自己这么说——今天我依然常这么说——而是在这种说法上添上相反的说话,"也许这一切是真实的",并且使这两种说法相互交替。

与此同时,当您为了我把接受洗礼的问题变成一个实际问题时,您迫使我久久地、仔细地集中全部注意力正视信念、教义和圣事,把它们看成是一些我应当承担的义务。我本来就不会有另一种做法,而且这于我是必不可少的。

然而,您最大的恩德属于另一种性质。您用自己的仁慈赢得了我对您的友情——我从不曾看见过可与这种仁慈相提并论的东西,与此同时,您给了我人世间最伟大的和最纯洁的灵感源泉。因为,要使自己的目光始终牢牢地注视着上帝,在人间万物中没有任何东西可以与对上帝之友的友谊相媲美。

您长期以来怀着无比温情宽容我,没有任何东西能使我更好地衡量您的宽宏大量。我像在开玩笑,其实并非如此。确实,对我的仇恨和厌恶,您的动机与我本人是不同的(我已经在那天写信告诉过您)。但是,您对我所表现出来的耐心,使我觉得它是来自某种非凡的大度。

我没能避免给您造成可能的最大失望。但是,直至今日,我从不曾有一次,甚至一瞬间感到上帝要我入教,尽管在祷告时,在做弥撒时,在弥撒后我灵魂中尚存的光芒的指引下,我曾多次向自己提出这个问题。我从不曾有过某种不确切的感觉。我想,现在我们可以作出结论,上帝并不要我入教。因此您不必有任何遗憾。

至少，到目前为止，上帝不要我入教。但是，除非有误，我觉得上帝的意志是要我在未来也不入教，除了在我垂亡之时也许有这种可能。然而，我时刻准备听从一切命令。我会愉快地听命前往地狱深处，并且永久地留在那里。当然，并不是说我偏爱这类使命。我并无此类怪僻。

基督教在其自身应当包含一切天赋，概莫能外，因为基督教便是大公教。因此，教会也一样。但是在我看来，基督教在权利上而不是在事实上是大公教。在基督教之外还有那么多我热爱的东西——也是我不愿抛弃的东西，还有那么多上帝热爱的东西，因为若非如此，它们就无法存在：除了近二十年，还有多少世纪以来的历史；一切有色人种居住的国家；白色人种国家里的世俗生活；在这些国家的历史中，被指责为歇斯底里的一切传统，如摩尼教和阿尔比教；所有一切产生于文艺复兴时期的东西，虽然往往已经蜕化变质，但是并不是毫无价值可言。

基督教既然是权利上而非事实上的大公教，那么，我认为自己作为教会权利上而非事实上的一员是合情合理的，这不仅是一时而且在适当的时机可说是终生如此。

然而，这不仅仅是合情合理。只要上帝没有使我确信他要我作相反的选择，我就认为这对我来说是一种义务。

我认为您也一样，未来的两三年的义务——这种义务如此刻板以至于不尽职责就是背叛——是使民众看到有可能产生一种真正道成肉身的基督教。在迄今为止有记载的历史中,在整个人世间,从不曾出现过像今天这样人们的灵魂遭遇如此危险的时代。有必要重新树起青铜蛇,使那些朝它看一眼的人得到拯救。

但是,这一切是如此相互关联着,以至于只有当基督教是我刚才所确定的意义上的大公教时才能真正道成肉身。若基督教自身不包含一切——绝对意义上的一切,它怎么可能在欧洲各民族人民中间流行呢?当然,谎言应当除外。但这一切在大多数情况下真实多于谎言。

由于我具有如此紧张的痛苦和迫切感情,若我离开自出生以来就占有的位置,即介于基督教和所有非基督教的事物之间,我便会背叛真实,也就是我所看到的真实的那方面。

我一直停留在这确切的位置上,在教会的门槛上,一动也不动地 ἐν ὑπομένῃ(期待着)(这个词比 patientia〔耐心〕优美多了!),只不过,我的心现在已被永远——但愿如此——带到了祭坛上的圣物中。

您明白我离 H 满怀善意地归于我的那些思想还差得很远。我远没有感受到任何折磨。

若说我有什么忧虑,那它首先来自命运在我的善感中打下的永远愁伤的烙印,各种最令人高兴、最纯洁的欢乐也只能添加在这种忧愁之上,这忧愁是以精神的高度集中为代价,以我的可鄙的、持续的罪过,以这时代的各种不幸和过去时代的一切不幸为代价的。

我想您也许明白我始终与您相违,然而作为一名神父,您可能会承认,真正的天赋会阻止人们入教的。

若非除此,在我们之间将会竖起一面互不理解的墙,这或许是我这方面的过错,也可能是您那方面的过错。鉴于我对您的友情,这会使我不安的,因为如果是这样,您的仁慈激发的热情和愿望将是令人失望的:尽管并不是我的过错,我仍不免会责备自己忘恩负义。因为,我欠您的债是不可估量的。

我想提醒您注意下面这一点,即在基督教的道成肉身上存在着绝对无法逾越的障碍。这里说的是两个不起眼的词 anathema sit(逐出教门)的使用。原因并非这两个词的存在,而是人们至今为止对这两词的使用。我无法跨进教会的门也因为这个原因。我站在所有一切因为这两个词而不能进入教会——这个普天下的汇合地——的事物那一边。我站在那一边,尤其因为我自己的才智也是这些事物之一。

基督教的道成肉身包含和谐地解决个人和团体之间关系问题的意思。"和谐"这词是从毕达哥拉斯学说[①]的意义上讲的,是指对立面的公正平衡。这种解决方法正是今天人们所渴望的。

---

① 希腊秘传宗教之一,相信灵魂转生,肉体是灵魂的监狱。认为宇宙的根本是数,哲学可以净化心灵,某些图形具有神秘意义,遵行其教义,灵魂最终将能和神灵相契合。

才智的境遇是这种和谐的试金石，因为才智是纯粹地、严格地属于个人的。凡是才智处于自身的位置上毫无障碍地发挥作用，尽其全部功能的地方，就有和谐存在。在谈到基督被钉在十字架上受难的痛苦感情时，圣·托马斯针对基督的灵魂的各个方面，绝妙地说了上面这些话。

才智本身的功能要求得到完全的自由，它包含着否定一切权利，不接受任何统治。凡是才智取得支配权的地方，便有极度的个人主义。凡是才智处于窘迫境地之处，便有一个或几个压迫的团体。

当才智建议某些行为时，教会和国家便不赞成，它们必然以各自的方式来惩罚才智。当才智尚处在纯理论思辨范围内的时候，教会和国家在适当时机，通过各种有效手段提醒公众注意，防卫某些思辨在生活行为中产生切实影响的危险性。然而，不管这些理论思辨是什么内容，教会和国家都没有权利扼杀它，也无权对其作者造成物质或精神上的损害。尤其是，如果他们要求从事圣事，也不应当加以剥夺。因为不管理论思辨的作者说过什么，当他们甚至可能公开否认上帝的存在时，他们也许并没有犯下什么罪过。在这种情况下，教会应当说他们误入歧途，而不是要求他们做出某种类似否定他们的话的事情，也不应剥夺他们得到生命的圣饼。

团体是教义的卫道士；而教义则是对爱、信念和智力这三种纯粹个人的官能进行沉思的对象。由此，在基督教中个人几乎从开始就感到苦恼，尤其是智力上的苦恼。这一点是无法否认的。

基督本人就是真理的化身。若他在宗教议会这样的聚会上演讲，他不会使用同他的挚友亲切交谈时的语言，当然，当人们对照他说过的话，似乎会指责他自相矛盾和充满谎言。因为鉴于上帝自己尊重的自然法则（这些法则是永存的），他使用两种完全不同的语言，尽管它们是由相同的词所组成：一种是集体语言，另一种是个体语言。基督给我们派来的慰藉者——真理精神在不同场合使用这一种或那一种语言，因为本质不同，它们之间无一致性可言。

如若上帝的挚友们——我认为艾克哈特大师①便是其中一位——重复着他们在僻静处、在情人枕边听来的话，如若这些话同教会的教诲格格不入，那仅仅是因为公开场合的话语并不是洞房的话语。

谁都知道，只有在三两人之间才会有真正的贴心话。若是在五人或六人之间，集体的话语就已开始占上风。因此，当有人把"哪里有你们之中的两三人以我的名义聚会在一起，我必在其中"这样的话运用到教会上，那他就把意思完全理解反了。基督不曾说过二百人或五十人或十人。他说的是两或三人。他确实说过在基督挚诚的友谊和亲密无间的关系中，他总是充当第三者。

---

① 艾克哈特（Eckhart，约1260—1327）：多明我会修士，德国神秘主义神学家。

基督曾向教会许诺，但是他的任何诺言都含此意："神父深知奥秘。"上帝的话是奥秘。没有听到这话的人即使熟知教会所教诲的一切教义，仍然与真理无缘。

教会的作用是集体保存教义，这种作用是必不可少的。教会有权利也有义务在这种作用特定的范围内，对那些有意攻击它的人进行惩罚，剥夺他从事圣事的权利。

因此，尽管我对此事几乎一无所知，但是我还是相信教会惩罚路德是有道理的。

但是，当教会声称要爱和智力把教会的言语作为准则时，它犯下了滥用权力的过错。这种滥用职权并非上帝之过，而是任何一个团体毫无例外都具有的滥用权力的天然倾向。

基督神秘躯体的形象极富诱惑力。但是，我认为人们赋予这种形象的重要性正表明我们衰微不堪。因为，我们的尊严并不在于成为某人躯体的一部分，即使这躯体是神秘的或是基督的躯体。我们的尊严在于：在完美的状况中——这是我们每人的天然追求——我们不再生活在我们自身中，而是基督生活在我们之中；以致通过这种状态，基督完整地、不可分割地在某种意义上变成我们每一个人，犹如基督完整地存在于每块圣饼中。所有的圣饼并非都是基督躯体的一部分。

基督神秘躯体的形象现在具有的这种重要性，表明基督信徒们是多么易受外界的影响。当然，成为基督神秘躯体的一部分是令人陶醉的事。但是，我觉得，今天其他许多非基督头像的神秘躯体，使其各部分具有同样性质的迷惑力。

我心平气和地听命于自己被剥夺成为基督神秘躯体一部分的那种欢悦。因为，若上帝助我，我将证明，没有这份快乐，我也能永远忠实于基督，直至我离开人世。今天，社会感情具有如此控制力，以至于在痛苦、死亡中上升到英雄主义的最高度，以至于我认为有几只羔羊始终待在羊群之外是件好事，这就证明：基督之爱从根本上来讲完全是另一回事。

今天，教会是捍卫个人反对团体压迫、不受时效约束的权利的事业，是捍卫思想自由反对暴政的事业。但是，这些事业在目前还不是最强大的人所从事的事业。这是他们有朝一日可能成为最强大的人的唯一手段。这一点是众所周知的。

这种说法也许会使您不快。若是这样，您就错了。您并不代表教会。在教会滥用权力最严重的时期，也许有不少像您这样的神父亦牵涉进去。您的善意并不是一种保证，即使这种善意同您的教会是一致的。您不能预见事情朝哪个方向发展。

为使教会目前的态度成为有效的，并真正地像一个楔子那样深入到社会生活中去，教会必须公开声明它已经发生变化，或者愿意进行变革。否则，当人们忆及宗教裁判所时又有谁可能严肃地对待教会的言论呢？恕我同您谈起宗教裁判所，我对您的友情——这种友情又通过您发展到您的教会——使我对这种回忆深感痛心。然而，事实上确实发生过。在集权主义的罗马帝国覆灭后，教会在十三世纪经历了阿尔比教派战争之后首先在欧洲勾勒出集权主义的蓝图。这棵树已经硕果累累了。

而集权主义的影响正是对两个词 anathema sit（逐出教门）的使用。

今天，已经形成集权主义体系的各种党派，正是明智地移植了对这两个词的使用而建立起来的。我重点研究过这段历史。

同您谈到这么多对于我而言过于高深而且我也无权去理解的事情，您也许会认为我傲气十足。这不能怪我。一些想法错误地降临我身，后来，自知错了又执意要摆脱出来。我不知这些想法由何而生，又有什么价值可言，然而，纯粹出于偶然因素，我认为自己并无权阻挡这种行动。

再见了。愿您万事如意，除了忍受苦难。因为我不愿我的友人同我一样，尤其是您，这您是知道的。但是基督要他的挚友——当然还有其他精神上的志同道合者——不是历经自贬、受辱和萎靡不振的途径向他走去，而是怀着愉快的心情在纯净和永远的甜蜜中向他走去。因此，我想请您允许我祝愿您，倘若您有一天为主仓促而去，将会是轻松愉快的，毫无忧虑；愿真福八端①中的三福（温柔有福，清心有福，使人和睦有福）伴随着您。其他几种福多少都包含着受苦的意思。

　　这个祝愿不仅仅由于人情的懦弱。对于任何一个人，我总有理由认为他不应该遭到不幸，或是由于这人过于平庸，与一件如此重大的事情不相称，或相反，由于这人过于宝贵，不能被不幸摧垮。违背这两条基本戒律的第二条，那是很严重的。至于第一条，我极其粗暴地冒犯了，因为每当我想到基督受难时，我便犯下仰慕的罪过。

　　请永远相信我对您尊敬的情谊，无比地感谢您。

S·薇依

---

① 基督教教义之一，出自《新约》：虚心人有福，哀痛人有福，温柔人有福，饥饿慕义人有福，怜恤人有福，清心人有福，使人和睦的人有福，为义受逼迫的人有福。

## 书简五：她的天赋禀性

（寄自卡萨布兰卡）

亲爱的 S：

我寄给您四样东西。

首先，一封给佩兰的私信。这封信很长，信中并不盲目期待任何东西。不要把信寄给他；当您见到他时把信给他，并请转告，空闲下来无其他操心事时再读。

第二件（为方便起见装在封口的信封里，但您可打开，另两件也一样）是一篇关于毕达哥拉斯学派文章的评论。这篇评论我以前没来得及写完，把它放到我临走给您留下的那堆文章里，这很好办，因为全编上号了。这篇评论字迹潦草写得不好，朗读时一定难以连贯，另外，也太长了，不便再誊写一遍，我只能原样寄出。

第三件是我的一部分索福克勒斯[1]著作的译稿手抄件。这是在我的资料中找到的，是俄瑞斯忒斯[2]和厄勒克

---

[1] 索福克勒斯（Sophocle）：古希腊悲剧诗人。
[2] 俄瑞斯忒斯（Orestes）：阿伽门农（Agamemuon）和克吕泰涅斯特拉（Clytacmnestra）之子。据希腊神话，阿伽门农被害时，俄瑞斯忒斯才十一二岁，被送往姑父福喀斯王家寄养。八年后，俄瑞斯忒斯成人，回家为父报仇，将母亲与埃癸斯托斯（AegiSthus）杀死。后被复仇女神追逐而发狂。

特拉①之间的对话。以前我在从事您目前的工作时转抄了其中几句诗，抄写时，每个词都在我内心深处激起如此深沉而又不可言喻的共鸣，以致把厄勒克特拉比作人的灵魂，俄瑞斯忒斯比作基督，这种阐释我看几乎是肯定无疑的，就像是我本人写下了这些诗句。请把这些话转告佩兰。他读到译文就会明白。

请把下面的文字也念给他听；我衷心希望这不会使他心里难过。

在结束毕达哥拉斯学派研究之际，我最终确凿无疑地——正如人类有权使用这两个词那样——感到我的志向要求我必须置身教会之外，即使无需向教会和教督教义作出任何甚至不公开的承诺。总之，只要我还不是完全不能从事脑力劳动，这样做就是在智力领域中为上帝、为基督教信仰效力。鉴于我自己的志向，精神廉正对我来说是不可回避的。这种廉正度要求我对一切思想一视同仁，其中包括唯物主义和无神论在内，对一切思想都持同样欢迎并持重的态度。正如水对一切落入其中的东西都无动于衷一样，水并不是掂量这些，而是这些东西在水中摇摆一下之后自我掂量。

我知道我并非真正如此，若是这样，那就太好了；但是我必须这样，若我入教，我将绝不可能这样。在我的特殊情况下，为了从水和精神中发生，我应避免用可

---

① 厄勒克特拉（Electra）：据希腊神话，阿伽门农和克吕泰涅斯特拉之次女，俄瑞斯忒斯的姐姐。

见的水。

这并非因为我觉得自己有精神创造的能力，而是我觉得肩负着同这样的创造有关的职责。这不能怪罪于我，我无法自我约束，除了我，其他人都无法评价这些职责。精神或艺术创造的条件，是如此内在和神秘的事情，以至于无人能从外界介入。我知道艺术家正是这样谅解他们的不良品行。但是，对于我来说，这完全是另一回事。

这种在智力方面对各种思想一视同仁的态度与热爱上帝绝不是不相容的，而是每时每刻在内心深处怀着一种崭新的爱的祝福，每一次，这种祝福都是永恒的，是纯洁无瑕的和新鲜的。若我是我所应是的，那我将永远如此。

这似乎是一种不稳定的状态，但是，我希望上帝不要拒绝接受我的忠诚，这种忠诚使我能永远保持这种状态而不动摇，*ἐν ὑπομένῃ*（在期待中）。

正是为效力于作为真理化身的基督，我才剥夺自己以基督确定的方式来分享他的肉体。更确切地说，是他剥夺了我，因为迄今为止，我始终不曾有过一瞬间感觉到有这种选择的可能。我既深信一个人有权利这样做，也深信我的一生将这样被剥夺，也许除了——也许仅仅除了——这种情况：境遇使我最终完全不可能从事脑力劳动。

倘若这会使佩兰感到不悦，我只能祝愿他很快把我忘却，因为我宁愿在他的思想中完全消失，也不愿给他带来丝毫不安。除非他能从中得益。

此外，在我寄给您的东西中有一份关于学校的修行教育的文件，我走时不慎把它带走了。这份东西也是给佩兰的，因为他同蒙彼利耶的大主教学生青年会成员有间接联系。再说，这份东西应完全由他处理。

让我再次衷心感谢您对我的友善。我将常常想着您。我希望我们经常互通消息，但这不一定能办到。

亲切的问候

S·薇依

## 书简六：最后的想法

（1942年5月26日于卡萨布兰卡）

神父：

您终于给我写信，真是太好了。在我动身之际，您亲切的来信对我异常珍贵。

您为我引述了圣·保罗充满智慧光芒的语录。但是，我希望在向您承认我的卑微时，我不曾给您留下这样的印象：即不承认上帝的仁慈。我希望我从不曾也永不会堕落到这种可鄙的忘恩负义的境地。我无需任何希望和许诺就相信上帝是无比仁慈的。我凭借经历坚信这宽厚无比的仁慈，我对此深有体会。我在实际接触中所感受到的一切远远超过了我的理解和感恩能力，以致对于我来说，来世得福的许诺也无助于我；同样，对于人的智慧来说，两个无限相加并不是和。

上帝的仁慈体现在不幸中，同样也体现在欢乐中，也许更多地体现在不幸中，因为在不幸的形式下，上帝的仁慈同人的仁慈没有任何相似之处。人的仁慈只体现在快乐的天赋或遭受的痛苦之中，目的在于取得外部效果，如身体得到痊愈或接受教育。但是表现上帝的仁慈，并不在于外部效果。真正不幸的外部效果几乎总是糟糕的。若要掩盖这种不幸，就是在撒谎。上帝的仁慈正是在不幸本身中发出光彩，在无法慰藉的苦楚深处发出光彩。倘若人们执着地追求爱，直至灵魂情不自禁地呼喊"上帝，你为何遗弃我！"之时倒下，倘若人们在此时依然在爱，那么最终会感受到某种东西，它不再是不幸，也不是快乐，它是精华之精华，纯洁而不敏感，对于快乐和痛苦都一样，这就是热爱上帝。

于是，我们知道，欢乐是同热爱上帝相接触时的那种甜蜜，而不幸则是当这种接触为痛苦时的伤口，我还知道唯有接触——而不是接触的方式——才是重要的。

同样，倘若我们与一位亲近的人久别重逢，见面时相互说些什么并不重要，重要的是这位亲爱者说话的声音，它告诉我们他的在场。

得知上帝在场并不能安慰人，也不会减轻不幸造成的悲苦，也医治不了灵魂的创伤。但是，我们可以确信：爱上帝对我们来说就是这种悲苦和这种创伤的本质所在。

出于感激，我很愿意能为此提供例证。

《伊利亚特》的作者热爱上帝，他就有这种能力。因为这首诗的内涵和优美的唯一源泉就在于此。但人们对此理解甚少。

即使我们除了此世的生活别无他有，即使临终之时我们依然如旧，而神明的无限仁爱却已全部悄然降临人间。

不妨作一个荒谬的假设，如果我从没犯过任何过错就死去，而在死时我又堕入地狱深处，即使如此，为了我在尘世间的生，我还是无比感激上帝的仁慈，尽管我是个极糟的造物。即使作上面这样的假设，我还是认为自己已经得到上帝给予我的那份仁慈。因为我们在尘世间获得了热爱上帝的能力，我们蛮有把握地把上帝想像为具有真实、永久、完美和无限欢乐的本质。透过肉体的纱幕，我们从上天那里得到的永存的预感，足以消除这方面的一切怀疑。

还有什么可求的呢？还有什么可欲的呢？当一位母亲或一位情人确信自己的儿子或自己的情人在欢乐中生活时，她的内心不会产生要求或欲望其他东西的想法。我们拥有的东西比这多得多。我们所热爱的是尽情地欢乐。当人们明白这一点时，希望本身就成为无用的，不再有任何意义了。剩下的唯一希求就是在尘世中不要违抗。其余的事情则由上帝安排，与我们无关。

因此，尽管我的想像力由于长期以来饱经痛苦而变得伤痕累累，不可能产生对我来说完全有可能产生的那种拯救的思想，但我并不因此而感到缺少什么。您在这方面对我所说的话，只能使我确信您对我怀着真正的友谊，而无其他的效果。从这一点上讲，您的信对我异常珍贵。它并未对我产生其他影响，但这并不重要。

我清楚自己的可悲的弱点，以致可以设想命运稍有一点阻力也许就足以使我的灵魂充满痛苦，直至在很长时间里，在我的灵魂中没有我刚才所表达的那些思想的地位。然而，这也无关紧要。信念并不听命于精神状况。信念永远是绝对可靠的。

只有在一种情况下，我确实不知道这种信念为何物，那就是当我接触到他人的不幸时。那些对他人的不幸无动于衷和漠不关心的人也一样，甚至比我有过之而无不及，还有那些最远古时代的人。接触他人的不幸使我痛苦非常，肝肠寸断，以致热爱上帝一时对于我几乎成为不可能的。我就差一点说出不可能这几个字了。这甚至使我为自己深感不安。我想到基督预感到耶路撒冷要遭洗劫时伤心落泪，我内心感到一些宽慰。我希望他原谅我，我与他有同样的受难心。

您信中说，我接受洗礼之日对您来说将是一件大喜事，您的说法伤害了我。我从您那里得益匪浅，因此我应当给您带来欢乐；然而，我丝毫也没有想到要这样做。我无能为力。我确实认为唯有上帝才对我拥有这样的权力——阻止我给您带来欢乐。

即使从纯粹人际关系上来看，我对您也是感恩不尽。我想除了您，我对所有的人，都曾经出于友谊而极易为之操心，这些人有时以我的担心自娱解闷——经常或偶然、有意或无意，每人都会有过几次。当我发现有人故意这样做时，我马上斩断友情，不再与之有瓜葛。

这些人的所为并不是出于恶意，而是出于一种众所周知的现象，即当一群鸡中有一只鸡受伤时，其他的鸡便会扑上去用嘴啄它。

所有的人都具有这种动物本性。不管人们是否意识到或赞成这种做法，动物性决定他们对自己同类的态度。这样，有时思想上并没有察觉到，而人身上的动物本性感到别人身上的这种动物本性残缺不全，并因此作出反应。在一切类似的境遇中，都会做出相应的动物性反应。这种机械性必然每时每刻控制着所有的人；人们只有根据真正的超自然性在自己灵魂中所占的地位，才能或多或少地摆脱这种必然性。

要在这方面做出即使部分的区分也很困难。但是，倘若真有可能做出这种区分，人们就要对灵魂在世俗生活中的超自然性方面做出选择，这种选择应是确凿的，像天平那样精确，完全不受任何宗教信仰的影响。这正是在说到"这两个训诫是一回事"时基督所指出的。

我之所以没有受到这种机械性的影响，只是由于我在您身边。我对于您，犹如一个由于贫寒而终日饥肠辘辘的乞讨者，在一年之中，这个乞讨者本来会时去有钱人家要一块面包，并且他也许平生第一次在那里受人凌辱。这样一个乞讨者若要用生命换取每一块面包，若他把全部生命统统献出的话，他会认为自己的债没有还清。

此外，同您在一起，一切人际关系永远包含着上帝的光芒，对于我来说，这必将把对您的感激之情提高到另一种高度。

但是，我不想对您做出任何感激的表示，若我不说一些有关您的事情，那您理应对我感到恼火。因为我毫无理由把它们说出来，甚至也不应去想它们。我没有这种权利，我深知这一点。

可是，由于我实际已经想过这些事情，我不敢向您隐瞒。若这些事情是假的，那么它们并不伤人。说这些事情包含着部分真实性，也不是不可能的。若如此，就有理由认为上帝通过我手中之笔给您送来这个道理。有些思想应当由灵感传递，另有一些则通过某个中间人传递更为合适，上帝使用这种或那种途径同他的友人们联系。不管什么，例如一头母驴也同样可作为中间媒介，这是众所周知的。上帝也许会乐意采用最卑劣的东西来做媒介物。我需要对自己说出这些事情，以使我不害怕自己的思想。

我是有意用信来陈述我的精神自传。我想使您有可能看到内在信仰的可靠实例。之所以说实例，是因为我知道您明白我不会说谎。

无论是对还是错，您都须承认我有做基督徒的权利。我向您肯定，当谈到我的童年和青年时代，我使用天赋、顺从、贫困、精神、纯洁、承诺、爱他人以及其他类似的词时，是严格地依照这些词在那时所具有的意义上说的。然而，我是由父母和兄长用一种完全不可知论教育长大的；我从不曾作过丝毫努力来摆脱这种理论，我也从不曾有过这种最微弱的愿望，我想这是对的。尽管如此，我从不曾以无知为借口，原谅自己所犯的任何过失和任何不足。我将在羔羊发怒之日全面汇报我的过失和不足。

您也完全可以相信我的话。希腊、埃及、古代印度、古代中国，世界上一切美的东西，这种美在艺术和科学中的纯洁和真实的反映，在无宗教信仰的人们的思想感情中所体现出的内心活动，所有这一切同明显属于基督教的事情一样，使我拜倒在基督面前。我想我还能说出更多的事情来。由于我热爱这些非基督教的一切，我就不能加入教会。

这样一种精神归宿也许会使您觉得不可思议。然而，正因为如此，才应对此进行思索。思考一下是什么东西迫使人们摆脱自身，这是有益的。我难以想像您怎么可能对我真正怀有某种友情；但是，既然事实已如此，这种友情也将会有这种用途的。

在理论上，您完全接受含而不露的信仰这种观念。实际上也如此，您的思想开明，您具有罕见的理智的廉正。但是，我认为仅此还是很不够的，唯有完美才是无缺的。

不管对或不对，我还是经常认为您有某些偏颇之处。尤其是在某些特殊的情况下，含而不露的信仰是可能的，我看到您对这样的事实颇为反感。至少当我同您谈到 B 时，我有这样的感觉……尤其当我谈到一个在我看来近于圣洁的西班牙农民时更是如此。确实，这无疑是我的过错；我愚不可及，以致我在谈到我所热爱的事物时，往往会给它带来伤害；我经常感到这一点。但是，我也觉得当有人同您谈到一些非教徒正处在不幸之中并且这些人把不幸视为天经地义的事时，给您留下的印象不同于当人们谈到基督徒、谈到顺从上帝的旨意那样。至少，如果说我真有权以基督徒的名义说话，我凭经验得知斯多亚主义的德性同基督教的德性属于同一种类型。真正的斯多亚主义的德性首先是爱，并不像某些罗马的野蛮人所丑化的那样。在理论上，我觉得您似乎也不能否认这一点。但在事实上，承认在具体的、当代的事例中斯多亚主义的德性的超自然效能的可能性时，您颇为反感。

有一次，您想表达非正统的思想时，使用了一个不恰当的词，使我心里很难受。您立即改口了。我认为这是一种词义上的混淆，与精神上的完美廉正互不相容。基督不可能高兴，因为基督即真理。

我可以肯定，您身上存在着严重的不足之处。然而，您身上为什么会有欠缺呢？不完美与您是完全不相称的，就像在一首优美动人的歌中唱错了一个音符。

这种欠缺，我认为就是对教会的依恋，犹如眷恋乡土一般。教会对于您来说，是联系天国的纽带，也确是您的家园。在教会中，您生活在一种富有人情味的热情的环境里。这就必然会产生一些依恋之情。

这种依恋对于您来说也许就是十字架上的圣·约翰所说的纤纤细线，这根细线只要还未折断，就会像一根粗铁链那样坚固地把鸟锁在大地上。我想这根最后的线虽然纤细，必将是最难切断的，因为一旦被切断，它就必然要腾飞，而这会使人害怕。然而，职责也是不可抗拒的。

上帝的孩子们在尘世间别无其他家园，唯有宇宙本身，连同宇宙间过去、现在和将来所有的富于理性的造物，才是值得我们热爱的家园。

不如宇宙那么辽阔的事物——教会就是其中之一——强加于人们一些可能无所不包的义务，但在这些事物中，并无爱的义务。至少，我认为是这样。我还确信其中并无任何同智慧有关的义务。

我们的爱应当如光芒四射的阳光那样普照整个空间，均匀地洒落到每个地方。基督要我们像阳光那样不偏不倚，实现天主的完美境地。我们的智慧也应当具有这种完全的公平合理性。

一切存在之物在其存在之中，也同样受到上帝创造性的爱的支撑。上帝之友应当热爱存在之物，以使他们对尘世间万物之爱同上帝之爱交融。

当人们的灵魂具有这种普天之爱时，爱就成为金翅小鸡，会啄破人世这只蛋的蛋壳。此后，它不是从里面热爱世界，而是从外部，从上帝的智慧所在地即我们的兄长所在地热爱世界。这并不是热爱上帝身上的有生命和无生命之物，而是热爱上帝那里的有生命和无生命之物。由于同上帝在一起，它垂下自己的目光，同上帝的目光交融起来，俯视着万物生灵。

应当做天主教徒，就是说不同任何创造物有联系，除非同全部的创造有联系。从前，这种普遍性在圣人身上，甚至在他们自身的意识中是内在的东西。他们含而不露地在心灵深处公正地分配献给上帝的爱、对上帝创造物的爱和对一切小于宇宙的东西所尽的义务。我想阿西西的圣·方济各和十字架上的圣·约翰就是这样。这两位都曾经是诗人。

的确，应当爱他人，但是在基督为说明这条训诫所举的事例中，他人是一个赤身裸体、血淋淋地昏倒在道旁的人，谁也不知他的身份和来历。这是一种完全隐名的爱，由此，是完全的博爱。

基督确实对他的门徒说过："你们要彼此相爱。"但是，我认为这说的是友情，是两人之间的私人友情，它应把上帝的每个友人同另一个人联结在一起。友情是唯一合乎情理的例外，它可以不尽博爱的义务。还有，我认为只有当友情被保持一定距离的淡漠团团裹住时才可能真正地保持纯洁。

我们生活在一个史无前例的时代里，在目前的处境中，过去可能是内容的普遍性，现在必定是外露的，它必然影响言语和存在的方式。

今天，做一个圣人并没什么了不起，应当具有时代所要求的圣洁性，一种新的圣洁性，也是一种前所未有的圣洁性。

马利坦这样说过，但是他仅仅列举了过去时代的圣洁性的各种表现，如今这至少在某一时期已经过时。他并没有感知到今日的圣洁性还应当包含多少神奇的新鲜内容。

一种新型的圣洁性是一种迸发、一种发明：每样东西各就其位，一切都保持一定的比例，这几乎是宇宙和人类命运的新默契。这就披露了至此仍被厚积的尘土所覆盖的很大一部分真理和美。必须要有比阿基米德更多的天赋，才能够发明力学和物理学。新的圣洁性是更神奇的发明。

唯有邪恶这类东西才可能迫使上帝之友剥夺自己的天赋，因为他们只需以基督的名义向他们的神父提出要求就能获得超人的天赋。

这种要求至少在今天是合乎情理的，因为它是必要的。认为在这种形式或另一种类似的形式下，这是现时首先要提出的要求，每日每时要提出的要求，正像一个饥饿的孩子总要面包一样。人世间需要有天赋的圣人，正像一个流行瘟疫的城市需要医生一样。只要有需要，就会有义务。

我本人绝不可能运用这些思想，在我头脑中也没有与这些思想相随的想法。首先，由于怯懦而存在于我身上的重大缺陷，使我距这些思想能得以体现的可能远不可及。这对于我来说是无法原谅的。如此遥远的距离即使在最好的情况下也要花时间才有可能缩短。

但是，即使我跨越了这段距离，我已成为一段朽木，已经精疲力尽。即使上帝可能弥补我受损害的本性，我也无法下决心向上帝提出要求。即使我确信我能得到，我也不能这样做。我认为这样的要求是对造成我不幸的那种无比温柔的爱的冒犯。

倘若没有人留意那些思想，我也不知在我这样一个微不足道的人身上怎么会出现那样的思想，那么这些思想将同我一起被埋葬。倘若如我所认为的那样，这些思想包含着一些道理，那将是令人遗憾的事。我会给它们带来损害。由于这些思想存在在我身上，人们不会注意到它们。

我认为我只有祈求您关注这些思想。您对我充满仁爱，我希望这种仁爱从我这里迁移到我所拥有的东西上，我所拥有的这些思想远比我有价值，我是这么认为的。

我担心由于我的缺点和我的卑微，我头脑中的想法会被判处死刑，为此，我痛苦万分。每当我读到不结果实的无花果树的故事时，我总是感动不已。我觉得这正是我的写照。这棵无花果树天性懦弱，但是，它并没有被谅解。基督诅咒它。

因此，当我理智地、冷静地看待事情时，尽管在我的生活中并没有犯真正特别严重的过错——除了我向您承认的那些，我还是比许多重大罪犯有更多更充分的理由害怕上帝恼怒。

我不是真的怕上帝发怒。由于一种奇怪的回归，想到上帝的恼怒，只会激发起我的爱心。正是由于想到上帝可能赐予我的恩惠和仁慈，才引起我的某种担心，使我害怕。

但是，在上帝面前，感到自己像一棵不结果的无花果树的想法令我肝肠寸断。

幸运的是，上帝不仅能很容易地送来同样的思想——倘若这些思想是好的，还会把许多其他卓绝的思想送给一个无懈可击的、能为上帝效力的人。

但是有谁知道我头脑中的那些思想是否可以部分地为您所用呢？这些思想只能为对我可能稍有友谊——真正的友谊——的某人所用。因为，在其他人眼里，我几乎是不存在的。

倘若在这封信中我写了什么您认为是错误的和不妥的东西，恳请您原谅，不要生我的气。

我不知道在未来几周中，我是否可能与您互通信息。但是，这种分离只对我一人不利，因此并没有什么关系。

我仅向您再次表示我衷心的感谢和对您的深厚的友情。

S·薇依

# 论 文

# 一、关于正确运用学校学习，
旨在热爱上帝的一些思考

在学校的学习中，基督教观念的关键是全神贯注地做祷告。这就是说，灵魂所能集中的一切注意力都向着上帝。注意力的质量在很大程度上就是祷告的质量。灼热的感情无济于事。

唯有在注意力的最高层次上才能同上帝沟通，当专心致志地做祷告达到相当纯净的阶段时，才能建立这样的沟通；但是，全部注意力都要集中到上帝身上。

当然，学校的各科学习发展了注意力的较低层次。然而，这些学科对提高做祷告时所必不可少的注意力是完全有效的，其条件是，进行这些教学的目的是为了祷告，仅仅是为了这个目的。

注意力的培养是学校教学的真正目的，并且可说是唯一的意义所在。大部分的学校教学也具有某些内在的意义；但是这种意义是第二位的。一切真正唤起注意力的学习都具有同样的并且几乎是同等的意义。

热爱上帝的中学生、大学生永远不应该说："我喜欢数学""我喜欢法文""我喜欢希腊文"，他们应当学会热爱这一切，因为这些学科能够增长注意力，而这种注意力是向着上帝的，它就是祈祷的本质所在。

对几何学没有天赋也无天生兴趣并不妨碍探讨某个问题或研究增强注意力的演示。恰恰相反。这几乎可说是一种有利条件。

能否成功地找到解决方法或理解这种演示，这关系不大，尽管确实应当努力做到这一点。无论在什么情况下，任何真正集中注意力的努力不会是徒劳的。这种努力在精神领域里总是非常有效，在智力方面尤其如此，因为精神的光辉照亮着智慧。

如果人们真正全神贯注地去解决一个几何习题，尽管经过一小时的努力并没有取得比刚开始时更多的进展，然而，在这一小时中的每一分钟里，在另一个更神秘的领域中还是取得了进展。这种努力，人们感觉不到，也无人知晓，从表面上看来并无结果，但它却给灵魂带来了更多光辉。它的成果有一天会出现在祈祷中。它肯定还会出现在智力的某个领域里，也许同数学毫无关系。也许有一天，做出这番无效努力的人会更直接地——由于这种努力——理解拉辛诗句的美。然而，这种努力的成果应当出现在祷告中，这一点是肯定的，不容置疑。

这一类的信念是试验性的。但是，如果人们在体验这些信念之前并不相信，如果人们并不像自己所相信的那样去做，那么永远不会得到有关这些信念的经验。这里有一种矛盾现象。对于一切有益于精神进步的知识来说，从某一特定层次起，都是如此。倘若人们在证实这些知识之前并没有把它们当作行为准则，倘若在很长时间里，人们并没有仅仅通过信仰——一种起先是黑暗的无光明可言的信仰——同知识紧紧相连，那么人们将永远不可能把这些知识变成信念。信仰是必不可少的条件。

对信仰的最有力的支持就是当人们向神父要面包时，保证神父不会给石头。除了各种公开的宗教信仰以外，每当一个人怀着能更好地理解真理的唯一愿望而聚精会神时，他所取得的这种能力就越大，即使他的努力并没有产生任何看得见的成果。爱斯基摩人的一个传说在解释光明的起源时说："一只生活在长夜里的乌鸦由于找不到食物而渴望光明，于是大地就亮了起来。"如果确实有愿望，如果所渴望的东西确实是光明，那么对光明的渴望就会产生光明。当人们聚精会神时，便会真正地产生渴望。如果其他一切杂念都已排除，那么真正渴望的就是光明，即使当集中精神的努力在许多年之中从表面看来可能是毫无成果，有一天，同这种努力完全相当的光明一定会充满整个灵魂。每一分努力都为无法夺走的宝库增添一点财富。阿尔斯本堂神甫为学习拉丁文多年努力苦读，收效甚微，这种努力却在绝妙的鉴别方面取得了完全的成功，他通过悔罪者的言论，甚至在他们保持沉默时也能够察觉到他们的内心世界的活动。

因此，应当在学习中毫无取得好分数的愿望，完全不想着通过考试和获得任何学业成就，丝毫不考虑兴趣和天赋才能，而是一视同仁地对待各门功课，因为各学科都有益于培养这种构成祷告的实体的注意力。在专心地学一门学科时，应当有认真完成该科的意愿；因为要真正付出努力，这种意愿是必不可少的。但是，透过眼前的目标，深层次的意图应当是为了在做祷告时提高注意力，正如当人们在纸上写出字母外形时，目的并不在这种外形本质，而是为了表达思想。

在学习中注入这唯一的意图，排斥其他意图，是在精神领域中正确运用在校学习的首要条件。其次，要严格地强制自己正视自身。长期认真地思索每一项未完成的练习，充分看到自身的平庸之丑恶，而不去寻找原谅自己的借口，也不放过每个错误和老师的修改，并且尽力找到每个错误的根源。相反的做法具有极强的诱惑：如果成绩不好，对老师修改的作业就不屑一顾，随手收起来。几乎所有的人都会这样做。必须抵制这种诱惑。要取得学业的进步，这是最重要不过的了，若不情愿正视自己的错误或老师的修正，那不管本人多么努力，花多大代价，都不会取得什么进步。

谦卑的品德——它比任何学业的进步都可贵——就是这样取得的。在这方面，正视自己的蠢举也许比正视罪孽更加有益。犯罪的意识造成这种印象：即便自己很坏，自傲的情绪有时也会从中滋长起来。当人们被迫用目光和灵魂注视一项因愚蠢而做错的练习时，就会在不可抗拒的事实面前感到自己是庸才。没有比这更使人渴望得到知识的了。如果人们能以全部身心领会到这个真理，那就坚定地走上了真正的道路。

如果上述两个条件得以实现，那么学校学习必定是一条同其他道路一样光明的通往神圣的道路。

要实现第二个条件，只需有意愿就行。而实现第一个条件则不同。要真正集中注意力，必须知道怎么去做。

人们往往把聚精会神同肌肉紧张混同起来。如果有人对学生们说"现在你们要注意了"，就会有学生皱起眉头、屏住呼吸、收紧肌肉。如果两分钟后问他们在注意什么，他们却回答不出来。他们什么也没注意。他们并没有集中注意力。他们不过是收紧了肌肉。

人们往往在学习中做出这类收紧肌肉的努力，由于这种努力让人疲劳，于是人们便产生了已经劳作过了的感觉。这是一种幻觉。疲劳同工作并无任何关系。工作不管累或不累是一种有效益的努力。而在学习中，这类肌肉紧张却毫无效益，即使人们怀着善良的意愿，即为地狱铺路砌石的意愿。用这种方式从事学习有时在学校里也能取得好分数，考出好成绩，但这是不惜代价、全靠天赋得来的；这样的学习终归是无用的。

意志，那种有时使人咬紧牙关承受磨难的意志是从事体力劳动的徒工们的主要武器。但是同人们一般想像的正相反，它在学习中几乎无任何地位可言。智慧只能由愿望引导。要有愿望，才有乐趣和愉快。智慧只有在愉快中才能增长并结果。学的乐趣之于学习，正如呼吸之于跑步的人一样必不可少。哪里没有乐趣,哪里就没有学生,而只有一些既可怜又可笑的徒工,这些人满师后连工作也找不着。

正是愿望在学习中所起的这种作用才使人们能为精神生活做好准备。因为愿望是向着上帝的,它是唯一能使灵魂升华的力量。或者,可以说唯有上帝把握灵魂并使之升华,而唯有愿望才能使上帝降临尘世。上帝只降临到要求他来到的人们面前;对那些经常久久而又热切地希望他来临的人,上帝无法阻止自己降临于他们之中。

注意力是一种努力,也许是最大的努力,但是,这是一种否定性的努力。努力在其本身而言并不包含疲劳。当人们感到疲劳时,聚精会神几乎是不可能的事了,除非人们已经经过很好的训练;那时,最好听之任之,设法放松精神,过一会儿再重新开始,放松,然后紧张,就像人们呼气、吸气那样。聚精会神又不疲劳地工作二十分钟,远远胜过皱着眉头怀着尽义务的心情所度过的三小时,这副模样像是说:"我已经很好地完成了。"

但是,尽管表面上花的时间少,实际做起来更为艰难。在我们的灵魂中,某种东西对真正集中精神之厌恶,远远超过肉体对疲劳的厌恶。这东西比肉体更容易接受恶。因此,每当人们真正集中精神时,就摧毁了自身的一部分恶。如果人们怀着这种愿望聚精会神,那么片刻之内就相当于完成了许多善行。

集中精神在于暂时停止思考,在于让思想呈空闲状态并且让物渗透进去，在于把必须利用的各种已有的知识置于思想的边缘，让它们在较低的层次上同思想脱离接触。对各种特殊的已经形成的思想来说，思想应当像一个站在山上的人，他眺望着前方，同时又看见自己脚下的树木和平原，但他并没有正眼去看这些东西。思想尤其应当是空闲的，它等待着，什么也不寻找，但随时准备在自己赤裸的真理中接受将要进入之物。

翻译文章中出现的各种误解，解几何题中的各种谬误，文笔的拙劣，法文作业中缺乏连贯思维，所有这一切都是由于思想过分急促地投身于某个事物，由于思想过早地被充实而不可能再接受真理。总是因为人们积极主动；人们总要寻找什么。追根溯源，每一次、在每一个错误上都可以证实这一点。没有比这种证实更有效的练习了。因为这种真理是人们经过无数次的感受后才能确信的。一切基本真理都如此。

最可贵的财富不应是寻找得来的，而是等待而来的。因为人不可能凭借自身力量找到它们，倘若人去寻找这种财富，那么将在那里找到假财富，而人并不善于区别这种虚假。

解一道几何难题，就其本身而言并不是宝贵的财富，但是同样的规律也适用于解题方面，因为解题是某种宝贵财富的外观形象。作为个别真理的一个片断，解题是独一无二的、永存的，是活生生的真理的一种纯粹的形象，这真理有一天会说："我就是真理。"

从这个角度思考，每门学科都类似于圣事。

每门学科都各有某种热切期待真理的特殊形式，而不是让自己去寻找真理。聚精会神思考几何习题的已知数而不求其答案，认真注意拉丁文和希腊文课文的每个词而不究其含义；写作时等待合适的词自己出现，仅仅删除词不达意的字。

对学生，对大学生的首要责任是使他们不仅是一般地而且是在同各科有关的特殊形式中认识这种方法。这不仅是他们教师的职责，而且是他们的精神导师的职责。精神导师还应当透彻地阐明在每个科目中智力的状况和灵魂的境界之间的相似性。灵魂，是一盏灌满油的灯，它满怀信心和渴望地等待着它的配偶。每个怀着爱心的青少年在做拉丁文翻译时，都应渴望通过翻译练习离自己真正成为奴仆的时刻更近一点，当主人正在欢庆时，奴仆则在守夜，看守着大门，听着叩门声，随时准备去开门。主人于是让奴仆入座，并且亲自为他准备食物。

只有这种期待、这种关注才能迫使主人做到体贴入微。当奴仆在田里干活精疲力尽时，主人却对他说：给我做饭，侍候我进餐。主人把奴仆当作无用的东西来对待，奴仆只会做别人吩咐的事情。当然，在行动的领域内，必须不惜一切代价、不怕劳累和磨难去做一切得到指令的事情，因为不听命者即不爱。但是，说到底，这仅仅是一个无用的奴仆。这是爱的条件，但又是不够的。迫使主人成为他的奴仆的奴仆，迫使主人爱自己的奴仆，完全不是这个意思；更谈不上是奴仆胆大妄为自己想出来的一种追求；这仅仅是期待和关注。

在培养这种注意力的过程中度过自己童年和青年时代的人是幸福的。当然，他们并不比在田里和工厂里劳动的兄弟们更接近善。他们以另一种方式接近善。农民、工人在上帝身边，其滋味无可比拟，与上帝的这种接近寓于贫穷的深处，寓于社会的漠视和长期磨难中。但是，如果从所从事的职业本身来说，学习更接近上帝，因为这种聚精会神就是灵魂。经过多年学习而没有在自身发展这种注意力的人就失掉了一大笔财富。

并不是只有爱上帝才是以聚精会神作为实体的。爱他人——我们知道这是同一种爱——也是由同一种实体组成。不幸的人无求于世，而只是希望有人关心他们。对不幸者的关心是罕见而难以办到的事；几乎可说是神迹；确是神迹。几乎所有以为具有这种能力的人实际上并无这种能力。热情、激情、怜悯都是不够的。

有关格拉尔[①]的第一个传说是这样说的：勒·格拉尔，这块神奇的石头由于有神圣的圣体饼的效能而能充饥，这块石头属于任何一个首先对它的卫士——由于剧痛全身有四分之三瘫痪的国王——说"你何处痛苦？"的人。

对他全心全意的爱，不仅仅是能问他"你何处痛

---

① 格拉尔（Le Graal）：收藏耶稣受难从伤口流出的鲜血的圣瓶。

苦?",而且应当知道,不幸者并非是作为一群人中的统一体而存在,也不是作为带着"不幸者"标签的社会阶层的一个样板而存在,而是作为人,同我完全一样的人而存在,这个人某一天不幸被打上了无法模拟的标记。为此,只要也必须朝他看上一眼就足矣。

这目光首先是全神贯注的目光,在目光中,灵魂排除了自己所有的内涵,以在自身容纳它所注视着的那个人和他的实际情况。只有全神贯注的人才能做到这一点。

因此,尽管是悖论,但却是真实的:学生即使没能完成一篇拉丁文翻译或一道几何习题,但只要付出应有的努力,日后只要有机会,都会让他更好地为处在极度沮丧中的不幸者,送去能拯救他的切切实实的援助。

对于能理解这种真理,并且慷慨大度以致渴望得到这种成果的青少年来说,除了其他各种宗教信仰之外,学习也许具有完美的精神功能。

学校学习正是一块珍藏珠宝的领地,卖掉自己所有的家财,不留一砖一瓦以换得珠宝是值得的。

## 二、爱上帝与不幸

在受苦的领域里，不幸是与众不同的、特别的、不可挽回的事情，它同一般的受苦完全不同。不幸占据灵魂并给它打下深深的烙印，这烙印是不幸所独有的，是受奴役的印记。正像在古罗马一样，受奴役只是不幸的极端形式。对此深为了解的古人说："一旦沦为奴隶，人就失去了一半灵魂。"

不幸同身体的苦痛不可分，但又决然不同。在受苦中，同肉体痛苦或类似的某种东西互不相关的一切，都是人为的、想像出来的，因而可能被某种适当的精神状态所抑制。甚至在失去了一位亲爱者的情况下，不可排解的悲伤犹如肉体的痛苦、呼吸的困难、套在头上的紧箍，或像饥饿等没有得到满足的需要，或像一直被束缚而突然猛烈释放出来的失控能量所造成的近于生物性的混乱。那种不聚集在如此顽固的核心周围的悲伤，只不过是浪漫的，是文学作品中的东西。受辱也是人所处的一种剧烈状况，人在遭受侮辱时要发作，但又不得不忍受，因为他无能为力或感到畏惧。

反之，仅仅是肉体上的痛苦是不足道的，它在灵魂中不会留下任何印记。牙痛便是一例。坏牙引起的疼痛长达几小时,但一旦治愈就没有任何痛苦了。

长期的或经常的肉体的痛苦另当别论。但是,这种痛苦往往不同一般;这常常是一种不幸。

不幸是对生活的一种彻底否定,或多或少仅次于死亡,由于受到了肉体痛苦的伤害或是惧怕肉体痛苦,它不可抗拒地在灵魂中出现,倘若肉体痛苦完全不存在,那么,灵魂中就没有不幸,因为思想倾注在其他方面。思想躲避不幸就像动物逃避死亡一样迅速,势不可挡。在尘世间只有肉体痛苦而无任何其他东西具有这种束缚思想的特性,倘若我们把某些难以描述的但却属身体的现象——这些现象完全等同于肉体痛苦——和肉体痛苦相提并论的话,惧怕肉体痛苦便属这一类。

当思想受到肉体痛苦的伤害,即使这种痛苦微乎其微,它也不得不承认不幸的存在。于是,就产生了一种强烈刺激的情况,犹如一个死囚不得不在数小时中看着他将被砍断脖子的断头台那样。一些人可能会在这种境况中生活20年甚至50年之久。其他人同他们擦肩而过却并没有察觉。若不是基督用双眼看着这一切,谁可能将他们区别开来呢?人们仅仅发现这些人的行为有时颇为怪僻,就指责这种行为。

如果降临于某人并把他彻底摧垮的事件,是从社会、心理以及身体各方面直接或间接地伤及他,那才是真正的不幸。社会因素是主要的。若没有以某种形式出现的社会地位下降或对这种下降的担心，就谈不上有真正的不幸。

悲伤即使令人痛心疾首，留下深深的伤痕，久久难以消去，它同确切意义上所说的不幸也是两回事。不幸与悲伤之间既有连续性又有一步之差，就像水达到沸腾温度那样。在某个限度之外——而不是这个限度之内——就会成为不幸。这个限度并不纯粹是客观的，一切个人因素都在起作用。同一事件可能将某人投入不幸境地，而在另一个人那里则不然。

人类生活的巨大之谜并不是受苦，而是不幸。无辜的人惨遭鞭笞、屠杀，流离失所，无家可归，沦为贫困或受奴役的境地，被关在集中营或监牢里，这一切并不令人吃惊，因为有罪恶之徒干这些事。疾病让人长时间饱受苦难，生活瘫痪，造成一副死气沉沉的景象，因为自然界受到机械的必然性的盲目机制的制约。但是，令人吃惊的是，上帝给予不幸攫取无辜者灵魂本身并以主宰的身份占据灵魂的力量。在最好的情况下，遭受不幸打击的人只拥有自己的一半灵魂。

遭遇不测而倒地、像一条被碾的虫子那样挣扎的人，无言表达自己所遭遇的一切。在他们所遇到的人中间，那些即使曾经受过苦但并没有尝到真正不幸滋味的人，对此并无任何感触。这是某种特殊的、对他物来说是不可克服的东西，犹如聋哑人对声音没有任何反应一样。那些遭到不幸打击的人无法救助任何人，甚至不可能有这种愿望。因此，对不幸者的同情是不可能的。如果真有这种同情的话，那简直是比在水上行走、治愈顽症甚至死而复生更为惊人的奇迹。

不幸曾迫使基督祈求得到赦免，寻求他人的安慰，他自以为遭圣父的抛弃。他迫使一位义人大声指责上帝，这位义人品格完美无缺，正如人的本性所能具备的那样，也许还更好一些，如果约伯更像是耶稣的一种形象而不是一位历史人物的话。"他嘲笑无辜者的不幸。"这并不是亵渎神明的话，这是从痛苦中发出的真正呐喊。《约伯记》从头至尾充满了真实，是一部绝妙无比的书。有关不幸这个问题，背离这个模式的一切言论或多或少都充满谎言。

不幸使上帝在一段时间内不在场，比死亡更加空无，比暗无天日的牢房还要黑暗。恐怖吞没了整个灵魂。在这期间，无爱可言。可怕的是，若在这无爱可言的黑暗中，灵魂停止了爱，那么，上帝的不在场就成了终极。灵魂应当继续无目标地爱，至少应当愿意去爱，即使以自身极小的一部分去爱。于是，有一天上帝会亲自出现在灵魂面前，向灵魂揭示世界之美，正如约伯的情况。但是，如果灵魂不再去爱，那它就从尘世间坠入几乎同地狱一样的地方。

一些人对遭遇不幸并无准备，那些把他们投入不幸中去的人，就是残杀他们的灵魂。另一方面，处在我们这样的时代，不幸悬在每个人的头顶上。对灵魂的拯救，只有当它使灵魂真正准备好应付不幸之时才是有效的。这不是轻而易举的事。

不幸变得更冷峻并使人绝望,因为它像一块火红的烙铁,把蔑视、厌恶、对自身的反感,以及这种犯罪会产生的而实际上并没产生的有罪和玷污感,印入灵魂深处。恶寓于犯罪者的灵魂中而又没有被感知。恶在不幸的无辜者的灵魂里被感知。这一切,就好像就本质而言,适合于犯罪者的精神态度同犯罪脱离了关系,而同不幸联结在一起,甚至同不幸者的无辜的程度联系起来。

约伯以如此绝望的口吻高声疾呼他是无辜的,是因为他自己也不相信这一点,在他内心深处,他的灵魂在为他的友人们辩解。他恳求上帝亲自作证,因为他听不到自己良知的证词;这对他来说只是一种抽象的和死去的回忆而已。

人的肉体的本性同动物相同。一只鸡受伤了,其他的鸡会扑上去啄它。这是同万有引力一样的机械现象。一切蔑视,一切反感,一切仇恨,我们的理性把它们同罪恶联系在一起,而我们的感情将它们同不幸联系在一起。除了基督占有了全部灵魂的人以外,所有的人或多或少都瞧不起不幸的人,尽管没有人意识到这一点。

我们的感受性的这种规律,对我们自身也同样起作用。这种蔑视,这种反感,这种仇恨,从对待不幸者转而对待自己,并渗透到灵魂深处,又从那里以自身被毒化的色彩污染整个世界。如果超自然的爱历经沧桑存在到今天，它就能阻止这两种效应发生，而不是第一种效应。第一种效应是不幸的本质所在，没有第一种效应就没有不幸。

"他对于我们是一种不祥之物。"不仅是钉在十字架上的基督的躯体，基督的整个灵魂都是不祥之物。同样，遭遇不幸的无辜者感到自己被人唾弃，甚至那些曾经遭遇不幸而又幸运得以从中自拔的人——如果他们已被人深深地伤害过——也仍遭人唾弃。

不幸一点一点向灵魂贯注惰性毒剂，使灵魂成为自己的同谋，这是不幸的另一种后果。在长期遭受不幸的人身上，存在着一种自身不幸的同谋性。这种同谋性阻碍了他为改善自己的命运可能做出的努力；这种同谋性甚至阻止不幸者寻求得到解脱的手段，有时，甚至阻止他希求得到解脱。不幸者于是安于不幸，人们便以为他满足于这种处境。更有甚者，这种同谋性可能促使不幸者身不由己地避开或躲避获得解脱的手段；它用一些荒唐可笑的借口为自己掩护。甚至，在已经摆脱不幸的人身上——如果他曾经被深深地伤及灵魂——存在着某种将他再次投入不幸的东西，不幸像寄生虫那样在其体内定居，并一直引导他到自己的末日。有时，这种推动力压倒了灵魂向幸福运转的一切努力。如果不幸由于某种恩德而告终，灵魂就会以仇恨回报恩人；这就是某些表面上无法解释的野蛮的不义之举的原因所在。有时，使不幸者从现时的不幸中解脱容易，使他从过去的不幸中摆脱出来困难。唯有上帝才能做到这一点。上帝的恩典也治愈不了人间受到致命伤害的本性。基督享天福的圣身满是伤痕。

人们只有有距离地上看待不幸时才可能接受不幸的存在。

上帝出于爱，为了爱而创造。上帝只创造了爱本身和爱的手段，而没有其他。他创造了爱的各种形式。他创造了在各种可能的距离上都能爱的人。上帝本人来到最远的距离上、到达无限的距离上去爱，因为没有任何人能做到这一点。存在于上帝和上帝——极度的痛苦，无与伦比的苦楚，赤诚的爱——之间的无限距离，就是耶稣钉在十字架上受难。没有任何东西比恶语中伤离上帝更远的了。

至高无上的爱超越这种痛苦，建立最崇高的结合纽带。这种痛苦于无声处响彻长空，就像两个分开的、模糊的音符，就像纯洁的、撕心裂肺的和音。这就是《圣经》。创世仅是《圣经》的颤音。当人间最纯净的乐音让人心碎、催人泪下时，我们在这音乐中听到的正是这一切。当我们学会于无声处侧耳细听时，我在寂静中听到了这一切。

执着追求爱的人们，在不幸将他们推入的深渊中听到这个音符，从此刻起，他们就不再有任何疑虑。

遭遇不幸的人面对十字架，几乎离上帝最遥远。不要以为罪恶离上帝会更远。罪恶并不是一种距离，而是目光的斜视。

确实,在这种距离和原初的违抗之间有一种神秘的联系。据说,开天辟地之时,人将目光避开上帝,朝着迷途越走越远。因为那时人还能走路。而我们则被固定在原地,只是不受我们的目光束缚,我们听命于必然性。一种根本不考虑精神完美程度的盲目机械论不断地撼动着人类,并把一些人抛到十字架下。透过震撼,是否把目光转向上帝完全取决于他们,而不是缺席的上帝的慈悲。上帝正是通过自己的慈悲把必然性视作一种盲目的机械论。

若机械论不是盲目的,那就根本不会有不幸。不幸首先是无名的,它剥夺了遭它打击的人的人格,把他们变成了物。不幸是冷漠的,这种冷漠如金属一般地冰冷,它使遭遇不幸者的灵魂透骨寒彻。不幸者永远不会再温暖过来。他们永远不会认为自己是某某人。

不幸倘若没有自身所包含的偶然性的参与,不会有这种特性。由于信仰而遭迫害并且自己也明白这一点的人们,尽管他们遭受苦难,但并不是不幸的人。只有当苦难或恐惧占据了他们的灵魂,使他们忘怀受迫害的原因时,他们才会堕入不幸。唱着歌走进角斗场同野兽搏斗的殉难者,并不是不幸者。而基督是个不幸者,他没有像殉难者那样死去,他夹杂在盗贼之中像刑事犯一样死去,只不过更加可笑一些,因为不幸是可笑的。只有盲目的必然性才会将人抛向极其遥远之处,落在十字架旁。大多数不幸都是人的罪恶造成的，这些罪恶是盲目的必然性的组成部分，因为犯罪的人并不知道自己的所作所为。

友谊的形式有两种：相聚和分离。这两种形式不可分割。它们都包含着同一种善，唯一的善，即友谊。因为，当两个并非朋友的人相互接近时，并无相聚可言。当他们远离时，并无分手可言。由于这两种形式包含着同一种善，因此它们都同样是适当的形式。

上帝在自我创造，上帝在完美地自我认识，正像我们在制造，在可悲地认识我们以外的事物。但是，首先上帝是爱。首先，上帝在自爱。这种爱，上帝身上的这种友谊，就是三位一体。在由上帝之爱为纽带而结合起来的各终极之间，不仅是相近，而且是极其相近，是同一性。然而，在创世、降生、耶稣受难之间，也有无限距离。空间和时间的总体在上帝与上帝之间插入了它们的厚度，造成了无限距离。

情人与朋友的愿望各不相同。前者是相爱直至情人双方互相融合，成为一个存在；而后者相爱是双方各占一方，他们之间的结合并不因此而削弱。人在尘世间徒劳希求的一切，在上帝那里是完美和真实的。所有这些不可能实现的愿望，就像是打在我们身上的命运的印记。在我们不再希望实现这些愿望时，它们对我们才是有益的。

本身就是上帝的上帝与上帝之间的爱，是具有两种特性的纽带：它把两个人结合起来，直至不可区分地真正成为一个人。这种超越距离的联系扩展开来，克服了无限的分离。上帝的统一——一切多元性都在其中消失抛弃，上帝的遗弃——基督自以为身陷其中却仍然深爱着天父，以上二者是同一种爱的神圣特性的两种形式，这爱就是上帝本身。

上帝在根本上就是爱，以至于一致性——从某种意义上说即是爱的定义——成为爱的一般结果。同这种爱的无限一致性的特性相应的是无限的分离，爱的这种特性克服了分离，分离便是贯穿整个时空的全部创造，这种创造是由介于基督和天父之间具有机械特性的坚硬物质所构成。

贫困赋予我们这些人无比珍贵的特权，得以在圣子和圣父之间占有一席之地。这段距离只有对爱着的人们而言才是分离。对于爱着的人们，分离虽痛苦，却是有益的，因为这种分离是一种爱。被遗弃的基督的沮丧是一种财富。在人间，我们不可能拥有比这更大的财富。上帝不可能在人间完全显灵，因为我们有肉体。但是，对我们而言，在极度不幸中上帝可能完全不在场。这是我们自我完善的唯一可能性。因此，十字架受难是我们唯一的希望。"任何树林中都没有这种树，开这种花，长这种叶子和嫩芽。"

我们生活在其中的这个世界，是由上帝与上帝之间的神圣之爱所建起的这种距离，我们在天地中只是很小一个组成部分。我们在这个距离中是一个点。空间，时间，还有统管着这方面的机制，就是这种距离。一切我们称之为恶的东西就是这种机制。当上帝的恩典深入人心，并从内心普照全身时，上帝通过这恩典使人能在水上行走，而又不冒犯自然法则。但是，当一个人背离上帝时，他任凭重负的摆布。然后，他就以为自己可以自行其是并且进行选择了，但事实上，他只是一件物，一块下坠的石头。如果仔细观察，真正全神贯注地观察人的灵魂和人类社会时，人们就会看到，凡是超自然的光芒不在场之处，一切都服从于同物体坠落规律同样盲目、同样准确的机械规律。这种认识是有益的、必要的。我们称作犯罪分子的那些人，只是一些被风从屋顶吹落坠地的瓦片。他们唯一的错误在于：最初的选择使他们成为这些瓦片。

必然性的机制被移植到原材料、植物、动物、各族群和各种人的灵魂之中，置于各种水平上，始终保持原样。按我们的观点，从我们的角度来看，这种机制完全是盲目的。但是，倘若我们把我们的心灵移出自身，移出世界，移出时空，移至天主所在之处，如果我们从那里观察这个机制，它就完全不同了。类似必然性的那种东西变成顺从。物质完全是被动的，因而完全顺从上帝的意志。除了上帝和顺从上帝的东西以外别无其他存在。物质由于它的这种完全顺从的特性而值得所有爱造物主的人们去爱，正像一个情人含情脉脉地注视他已故的恋人曾用过的一根针那样。世界之美使我们认识到物质的这一方面值得我们去爱。在世界的美丽之中，原始的必然性变成爱的对象物。没有任何东西能同海洋变幻不定的波涛或群山几乎永恒不变的曲线相媲美。

在我们看来，海洋并不因为我们知道船只有时在海上沉没就失去它的魅力。相反，海洋显得更美。倘若海洋为了宽容一条船而变得风平浪静，海洋就成为具有区别和选择能力的人，而不是完全顺从于外部压力的液体了。这种不折不扣的顺从就是海洋的美。世上所发生的一切恐惧正像万有引力造成的波浪皱褶一般。因此，恐惧包含着一种美；诸如《伊利亚特》的诗歌，使人们感受到这种美。

人永不可能摆脱对上帝的顺从。上帝的造物不可能不顺从。人作为聪慧而自由的造物只有一种选择，那就是在渴求顺从或不渴求之间挑选。如果人并不渴求顺从，作为受机械必然性支配的造物，他还得永久地顺从上帝。如果人渴求顺从，他依然受到机械必然性的支配，但是一种新的必然性增添了进去，这种新的必然性是由超自然之物特有的规律所构成。对于人来说，某些行为成为不可能的，另一些则通过人去完成，有时人身不由己去完成。

当人感到在某种情况下没有顺从上帝意志，这仅仅意味着在某段时间内，没有渴望顺从上帝。当然，万物都一样，一个人渴望顺从上帝或不渴望顺从上帝，他会做出不同的行为；世上万物也都一样，一种植物在阳光下或在黑暗中生长情况是不同的。植物在自己生长过程中，不可能有任何制约，有任何选择。我们像植物一样，唯一的选择是置身于阳光下或不在阳光下。

基督要我们以物质的驯服性为楷模，他要我们看一下田野里的百合花。野百合并不争奇斗艳，就是说它无意用艳丽颜色装扮自己。百合花并没有推行自己的意志，也不拥有达到这个目的的手段，它接受自然界的必然性赋予它的一切。如果说我们觉得百合花比那些富丽堂皇的衣料美丽得多，那不是因为它丰富多彩，而是它的顺从天性所致。衣料也是驯服的，但它顺从于人，而不是上帝。物质顺从于人时并不美丽，只有顺从于上帝时才美丽。倘若有时在艺术作品中，物质显得同海洋、山脉或花朵一样美丽动人，那是因为上帝的光辉照耀着艺术家。只有以全部身心领悟到那些并没有得到上帝光辉照耀的人不过是一些顺从上帝而自己浑然不觉的人，才可能感觉到这些人创造的东西是美的。对于达到这种境地的人来说，尘世的一切都是美的。在一切存在之物中，在一切造物中，他区别出必然性的机制，在必然性中他尝到了顺从上帝的无穷甜蜜。对于我们来说，物对上帝顺从正如透明玻璃之于光线那样。一旦我们全身心地感觉到这种顺从，我们就看见了上帝。

当我们拿着一张报纸，看其反面时，就会看到印在上面的形状古怪的字母。正面拿着报纸时，我们看到不是字母而是单词。遭到暴风雨袭击的船上乘客感到每次震荡都搅得五脏六腑上下翻滚。船长利用船上的设施——船舷、帆，还有舵——紧紧把握住风向、水流和海浪的综合情况。

和学识字、学手艺一样，人们首先要学习感受——而且几乎是独一无二地感受——在一切事物中一切都是顺从上帝的。这是真正的学习。和一切学习一样，都应该作出努力，要花费时间。对已经做到这一点的人来说，在诸物之间，在事件之间，除了识字的人在面对红色、蓝色墨水数次重复并用不同字体印出的相同句子感受到的差异之外，并无其他差异。而不识字的人在这样的句子面前只看到各种差异。对识字的人来说，这一切全是等同物，因为这是同一个句子。对于已经完成这种学习的人来说，诸物和事件，无论在何处，始终是同一种无比亲切的神圣的语音。这不是说他无痛苦可言。痛苦给某些事件染上颜色。识字和不识字的人，在用红墨水书写的一句话面前，都同样看到红色，但是染上红色对这两者来说并不具有相同意义。

当一名初学者受了点伤或是叫苦叫累时，工人、农民会安慰他道："是手艺进到你体内了。"每当我们遭受某种痛苦时，我们能真实地告诉自己，是天地、世界的秩序、世界的美丽、创造对上帝的顺从进入到我们体内了。这时，我们怎能不怀着最深情的感激，祝福为我们送来这种天赋的爱呢？

愉快和痛苦是同样宝贵的两种天赋，我们应当全面、纯净地分别体会这两者，而不能将它们混杂在一起。世界之美通过愉快进入我们的心灵，通过痛苦进入我们的躯体。若仅有愉快，我们不可能成为上帝之友，正如仅仅学习航行教科书，我们成不了船长一样。在每种学习中，躯体都参与了。在肉体感受的层次上，唯有痛苦同构成世界秩序的这种必然性相接触；因为快乐并不包含必然性的这种感觉。只有敏感性的更为高级的层次，才可能在愉快中感受到必然性，而这只有通过美的感情媒介才能做到。为了使我们的身心有朝一日能全部、彻底地对顺从——它是物质的实在本质——变得敏感起来，为了在我们身上形成这种新的感官能力——它使我们能感受到天地间一切皆为上帝的话音，痛苦的转化特性和愉快的转化特性同样不可缺少。当这两者之一降临时，应当为它敞开灵魂，正像人们向所爱的人派来的使者敞开大门那样。使者送信来，无论他彬彬有礼还是言辞生硬，对情人来说又有什么关系呢？

但是，不幸并不是痛苦。不幸完全不同于上帝的教育手段。

空间和时间的无限性把我们同上帝分开。我们怎么去寻找上帝？我们怎么向上帝走去？即使我们历经沧桑，我们只是绕着大地在行走。即使坐上飞机，我们也一筹莫展。我们不可能在纵向上前进。我们不可能向着茫茫天际走去。上帝越过宇宙来到我们身边。

上帝的无限的爱，越过时空的无限性降临到我们之中。它按着自己的时刻来临。我们有权利欢迎它或是拒绝它的光临。如果我们对它的光临不予理睬，它会乞讨般地再次来临，但是，它也会像乞讨者那样再也不来了。倘若我们接受上帝的爱，上帝会在我们身上播下一粒种子，然后离去。从此时起，除了等待之外，上帝便无他事可做，我也一样。我们仅仅应当不后悔已经做出的表示：把终身许给上帝。这并不像表面看来那么容易，因为种子在我们身上成长是痛苦的过程。再者，由于我们同意种子在我们身上生长，我们就要除去妨碍它成长的东西，拔掉野草，除掉狗牙草；不幸的是，这种狗牙草是我们肉体的一部分，以至于，园丁的这些工作成为强暴行动。然而，种子照样自己生长着。灵魂归属上帝的那天就会来到，这一天，灵魂不仅同意了爱，而且确实真正地爱了。于是，它应当越过宇宙奔向上帝。灵魂之爱并不与创造之爱的造物相同。灵魂中的爱是神圣的，不可创造的，因为这是通过灵魂而传递的上帝对上帝之爱。唯有上帝才能爱上帝。我们只能同意丢弃我们自身的感情，以在灵魂中为这种爱让路。这就是一种自我否定。正是为这种认同我们被创造出来。

神圣的爱穿过无限的时空，从上帝那里来到我们身上。但是，当它从一个造物那里出发时，又怎么能反方向地返回呢？当神圣的爱的种子在我们身上长大，变成一棵树时，我们——正是我们孕育着它——怎么能够把它送回到它的发源地，进行上帝来到我们身边的逆方向旅行呢？又怎样穿过无限的距离呢？

这看来似乎是不可能的，但是我们十分了解，有一种方法。我们很清楚这棵在我们身上长大的树，这棵美丽的树，天上的鸟在上面栖息的树，同什么东西相似。我们知道各种树中最美的是什么树。"任何树林里都没有这样的树。"某种比绞刑架更让人毛骨悚然的东西，就是这棵最美丽的树。上帝播种在我们身上的正是这棵树的种子，尽管当时我们并不知道这种子是什么。如果我们当初知道了，就不会在一开始表示同意。在我们身上长大的正是这棵树，它成为不可动摇的。只有背叛才可能把它连根拔起。

当人们用锤子敲钉子时，钉子的粗头受到的打击全都传到钉尖，而无任何损失，尽管钉尖仅是一点而已。如果锤子和钉的粗头非常之大，一切还同样。钉子尖头把这巨大的打击传递到钉眼里。

极度的不幸，它既是肉体的痛苦，也是灵魂的沮丧和社会地位的沦丧，它构成了这只钉子。钉尖钉在灵魂的核心中。钉的粗头就是散布在整个时空中的全部必然性。

不幸是鬼斧神工的杰作。这是一种简便而又巧妙的方法，它使这股无比强大、盲目、粗猛而又冷漠的力量进入到某一造物的灵魂中去。上帝与造物之间的巨大距离全部会聚在一个点上，以便直刺灵魂深处。

遇到这类事情的人，丝毫不介入这类行动。他就像一只被人活生生地钉在本上作标本的蝴蝶。但是，这个人历经恐怖依然能够去爱。在此，不存在任何不可能性，也无任何障碍，可以说，没有任何困难。因为最大的痛苦只要尚未超过昏迷的境地，就触及不到愿意顺着这方向而去的灵魂核心。

应当知道，爱是一种方向，而不是一种精神状态。倘若不了解这一点，那么一旦遇到不幸便会立刻陷入绝望。

灵魂朝着上帝的人，当他的灵魂被钉子穿透时，他被钉在宇宙的中心。这是真正的宇宙中心，而不是中间部位，这个中心位于时空之外，它就是上帝。钉子根据一种不属于时空的度，一种完全不同的度，穿过创世，穿过将灵魂同上帝隔开的厚厚屏障，打了一个洞。

通过这绝妙的度，灵魂无需离开它所依附的躯体所处的时间和地点，便能穿过整个时空，来到上帝面前。

灵魂处于创造和造物主之间的地位。这个中间位置，就是十字架的交叉点。

圣·保罗说："叫你们的爱心有根有基，能和众圣徒一同明白基督的爱是何等长阔高深，并知道这爱是超过人所能测度的。"他也许想到了这些。

## 三、内心爱上帝的几种形式

戒律说："当爱主你的神。"这命令的口气意味着，不仅仅是当上帝亲自前来向他未来的配偶求爱时，灵魂可能表示同意或是拒绝，而且是一种先于这次拜访的爱。因为，这里涉及的是一种长期的义务。

先于拜访的爱，不可能以上帝为对象，因为上帝并没有在场，他从不曾在场。因此这爱有另一个对象。但是，这爱命定成为爱上帝。我们可以把它叫作间接爱上帝或内心爱上帝。

这是确凿无疑的，即使这爱的对象名为上帝。因为我们可以说这个名字使用不当，或是说这种用法只有考虑以后的发展时才是合适的。

内心热爱上帝，只能有三个最接近的对象，上帝于尘世间唯有在这三个对象中才是确实在场的，尽管不为常人所知。那就是宗教仪式、世界之美和他人。就是这三种爱。

此外，也许应当添上友谊；严格地说，它同对他人的仁慈是有区别的。

这些间接的爱具有不折不扣的等同特性。在不同的情况下，气质和志向两者之一首先进入灵魂；两者之一在准备阶段占统治地位。贯穿整个阶段的始末的，也许并不总是同一种东西。

也许，在大部分情况下，准备阶段并没有告终，灵魂只有在自身的高层次上拥有这些非直接的爱时，才算是准备好接待造物主亲临拜访？

所有这些爱都以一种适合于准备阶段的形式，以隐蔽的形式构成了对上帝的爱。

在灵魂中出现从确切意义上说的对上帝的爱之时，那些爱并不会消失；它们变得无比强烈，这一切只构成唯一的一种爱。

但是，以隐蔽形式出现的爱必然在先，并且在很长时间里，它在灵魂中往往占着主导地位；在许多人的灵魂中，至死也许都是如此。这种隐蔽的爱可达到高度的纯洁和极其强烈的程度。

这种爱所可能具有的形式在它触及灵魂之时有一种圣事的特性。

## 爱他人

对于爱他人，基督的阐述已异常清楚明白。他说有一天，他将面谢他的恩人，对他们说："我饥饿时你们曾给过我吃的。"谁可能是基督的恩人，若不是基督本人？一个人怎么可能给基督吃的，若他至少没有片刻达到圣·保罗所说的境地，达到他不再自身生活在自身而是基督生活在其身的境地？

《福音书》中只谈到基督在不幸者身上显灵。然而，得到恩典的人的精神尊严，似乎丝毫没有受到质疑。于是，必须承认正是施恩者本人，作为基督的载体，使基督降临于饥饿的不幸者，给他送去面包。他人能对这种显灵表示赞同或持否定意见，正像受洗礼的人那样。如果赐予之物被接受，一个人把面包给予另一人，这个过程就成为一次真正的洗礼。

基督并没有把他的恩人称作仁爱者和仁慈者。他们被誉为义人。《福音书》在爱他人和正义之间不作任何区分。在希腊人看来，对恳求者的宙斯的尊敬居正义义务之首。我们臆造出正义和仁慈这二者之间的区别，其原因很容易理解。我们有关正义的概念是拥有者无需赐予。如果他执意要赐予，他就能对自己本身表示满意。他认为自己做了一件好事。至于接受者，根据他对这个概念的理解的方式不同，他或许使接受者不表示任何感谢，或许会勉强他低三下四地致谢。

唯有正义和爱达到绝对一致时，才能使同情和感谢成为可能，另一方面使不幸者和其他人对不幸者的不幸的尊严表示尊敬成为可能。

应当想到，任何一种善——有可能以伪善的面目出现而成为一种错误——都不可能比正义走得更远。但是，应当感谢义士主持正义，正像我们感谢上帝的伟大荣耀一样，因为正义是何等壮丽的事业啊！其他一切感激都是卑下的，甚至是动物性的。

在旁观正义之举的人和从中得到实惠的人之间的唯一差别是：在这种情况下，正义之美对前者来说仅是一种场景，而对于后者是接触的对象物，犹如食粮。因此，前者身上的那种一般的欣赏的感情，出现在后者身上，应当由那种感激的热情，将它提高到更高层次。

当人们在非正义虐行的境遇中得到了公正待遇而不知感激时，就等于剥夺了自己那种超自然的、神圣的、包含在一切正义的纯洁行为中的品性。

没有任何东西能比自然正义论使人更好地理解这种品性，在修昔底德①出色的著作中，以无比正直的精神对这种自然正义论作了阐述。

雅典人同斯巴达人开战，他们要迫使梅洛斯小岛上的居民（斯巴达人的同盟者，但开战时一直保持中立）同他们联合起来。梅洛斯的居民对雅典的最后通牒束手无策，他们呼吁正义，哀求雅典人怜悯他们古老的城市。由于他们不愿向雅典人让步，雅典人便把他们的城市夷为平地，杀死所有的男人，把女人和儿童当作奴隶出卖。

修昔底德所作的阐述是通过这些雅典人之口说出来的。他们开始便说无意证明他们的最后通牒是公正的。

"我们还是研讨一下可能做到的事……你们同我们一

---

① 修昔底德（Thucydide，约公元前460—前395）：古希腊历史学家。

样清楚；正像人类的精神构成那样，凡是正义的东西只有在双方具有相同的必要性的情况才能得以研究。但是，倘若一方强而另一方弱，事情就可能成为前者强加而后者被迫接受。"

梅洛斯人说在发生战争的情况下，他们将会得到神灵保佑，因为他们的事业是正义的。雅典人回答说他们看不出有任何理由作这种假设。

"我们信仰神，我们对人具有信念，每个人在他掌握权力之处出于一种必然本性总是调动这两者。我们并不曾制定这条法律，我们也不是首先贯彻这条法律；我们发现了这条现成法律，我们维护这条法律，就像它将永存那样；正因如此，我们贯彻执行这条法律。我们知道，你们也一样，正如其他人那样，一旦像我们一般强大必将照章办理。"

在对非正义所作的思考中表现出来的大彻大悟，是仅次于仁慈的那种光辉。光明在仁慈中曾经存在，但又在消失之处闪烁了片刻。在这层次之下，是一片黑暗，强者自认为其事业比弱者的事业更正义。罗马人和希伯来人就是这样想的。

可能性、必然性在本文中是同正义相对立的词。强者所能强加给弱者的一切都是可能的。研究一下这种可能性会发展到什么地步，这是合情合理的事。如果假设这种可能性为人所共知，那么可以肯定，强者必然将其意志推行到可能性的边缘。这是一种机械的必然性。不然的话，强者就好像既愿意又不愿意。在此，必然性对强者和对弱者都一样。

当这两人要共事，并且两人之中谁也无权强加给另一人任何东西时，他们就必须和睦相处，于是，人们便研究起正义，因为只有正义才有权使两种意志和谐。正义是在上帝那里使圣父和圣子结合起来的这种爱的形象，这种爱是分离的思想、正统者的共识。可是，当有一个强者和一个弱者时，就无需使两种意志结合起来，就只有一种意志，即强者的意志，弱者只有唯命是从。一切就像一个人摆布东西那样，不存在使两种意志和谐起来的问题，人的意志，物必须服从。弱者就像东西。扔一块石头赶走一条讨厌的狗，或命令奴隶"赶走这条狗！"这两者之间无任何差别。

对于仆从而言，在人与人之间不平等的力量关系中，从某种程度的不平等起，有一种向物质阶段转化的过程和人格的失落。古人说过："一个人沦为奴隶之时就失去一半灵魂。"

在古代，尤其在古埃及，保持平衡的天平是一种力量均衡的形象，曾经是正义的象征。天平在用于商业之前可能是宗教物品。天平用于买卖是这种双方赞同的形象，即公正的本质所在，它应当是交易规则。公正的定义在于双方赞同，在古代斯巴达人的立法中就已存在，无疑，这定义源于埃及－希腊。

公正的超自然品性，在于当人们在权力不平等的关系中占优势时，依然像权力平等那样行事，在各个方面都如此，包括说话口气和待人接物的细节，都一律平等相待，因为稍有疏忽就足以将处劣势者抛入在那种情况下必然属于他的物质地位，正如稍一降温，就使零度下的液态水冻结起来一样。

对于受此待遇的处劣势者来说，这种品性在于并不认为确实有力量均势，而是承认一方的宽宏是这种待遇的唯一原因，这就是所谓的感激之意。对于受到别种待遇的处劣势者来说，公正的超自然品性在于理解他所受到的待遇，一方面有别于公正，另一方面却是符合人性的必然性和机械性的。他应当始终不屈从，也不反抗。

平等对待在实力对比中远不如自己的那些人，把被命运剥夺的人的品质真的赠与他们。这样的人尽一个创造物之所能向他们重现造物主初始的宽宏。

这种品性是最美好的基督式品性。这正是埃及的《亡者书》中所表达的品性，书中相关的语言同《福音书》中的语言有异曲同工之妙："我不曾让任何人落泪。我从不曾以傲慢的口气说话。我从不曾让人感到害怕。对正义而真实之言，我从不曾充耳不闻。"

不幸者的感激若是纯洁的话，它只不过是对这种品性的参与，因为唯有具有这种品性的人，才可能认识它。其他人感受到这种品性的效应，但并不认识它。

这样的品性同在行动上确实信仰真正的上帝是一致的。修昔底德作品中的雅典人认为神明就同自然界的人一样，尽其所能控制一切。

真正的上帝被设想为是万能的，但是他并不在他拥有权力的地方到处发号施令；因为上帝只在天上，奥秘存在人间。

屠杀梅洛斯人的那些雅典人，对这样的上帝已无任何概念了。

证明他们错了的是，首先，同他们所说的相反，尽管很少遇到这种情况，但是有时一个人出于宽宏而在他拥有权力之处放弃支配权。人可能做的事，上帝也可能这样做。

人们会对这些实例表示怀疑。但是，可以肯定的是，如果在这样或那样的例子中，人们可以证明这仅仅是一种纯粹的宽宏，那么，这种宽宏是普遍受到赞扬的。凡是人可能赞赏的一切对于上帝来说也是可能这样做的。

我们这个世界的形象，是一个更具说服力的实例。纯粹的善无处可寻。或者上帝并非万能，或者上帝并非绝对的好，或者他并不在他拥有权力处。

因此，在尘世间，恶的存在不仅不能对上帝的实在表示否定，而且恰恰印证了上帝确实存在。

在上帝这方面来说，创造并不是一种自我扩张行为，而是后退、弃绝。上帝及所有创造物这二者之和小于单独的上帝。上帝接受这种缩减。他主动清除了存在物的一部分内涵。在这种行为中，他已经消除了自身的神性；因此，圣·约翰说，从世界形成之日起，羔羊就已经被扼杀了。上帝允许除了他以外的他物存在，尽管这些事物的价值与他相比微不足道。他通过创造行为否定了自己，正像基督教诲我们要自我否定那样。上帝为了我们而自我否定，以使我们可能为他而自我否定。这种回响、反应——是否被拒绝取决于我们——是对热切地热爱创造行为的唯一可能的证实。

设定上帝的这种弃绝、这种刻意的距离、这些自动隐退以及上帝在尘世间表面不在场和神秘在场的各种宗教，是真正的宗教，是伟大的默示在不同语言中的体现。那些代表着神明性、似乎主宰一切的宗教，是虚伪的宗教。即使这些宗教是一神论的，它们仍是偶像崇拜式的宗教。

遭不幸而沦为被动的无生机的物态的人，至少在一段时间内由于他人的宽宏而恢复到人的状态，这样的人如果善于把握和感觉这宽宏的真正本质，那么在这一时刻中他会接收到满怀仁爱的灵魂。他是借着从上而来的水和灵而生。(《福音书》上 anothen 一词的意思更多作"自天上"讲，而不是"重新"。) 以爱心对待不幸者，这近乎为他施洗礼。

人只有在思想上与他人相通，才可能有宽容大度之举。此时，他本人也只是由水和灵构成。

宽宏和同情两者互不可分，它们都以上帝为楷模，即创造和受难。

基督教导我们的对他人超自然的爱，是像闪电一般发生在两人之间的同情和感激之情的交流,这两者之一具有人的外表,另一人已被剥夺了?这个人仅有赤裸的躯体,毫无活力,浑身血淋淋地躺在沟边,他无名无姓,无人知道他的一切。从这物身边路过的人,对之不屑一顾,几分钟之后,他们甚至已经忘记曾经注意到这人。只有一人在他身旁停下并注视着他。随之,这人所做的一切行为只是这种关注的自然结果。这种关注具有开创意义。但是,这种关注行为在进行之时成为一种弃绝,至少在这种关注是纯洁的情况下是如此。这个路人接受这种缩减并集中精神、竭尽全力,其意并不是扩展自身权力,而仅仅是使独立于他的另一人得以生存。再者,欲为他人的生存而尽力,就是出于同情,将心比心,并因此参与到他人所处的这种惰性物质状态中。

对一个从不曾经历过不幸,也不知不幸为何物的人,和对一个遭受过不幸或预感到不幸因而深为恐惧的人来说,这种行为违情悖理地都属于相同等级。

有面包的人给饥饿者一块面包,这很平常。不寻常的是这个人能以一种不同于购物的行为做这件事。施舍,当它不是超自然的时,就类似于购物行为。它购买不幸者。

无论在犯罪方面,还是在最崇高的品性中,在微不足道的忧心中,或在伟大的抱负中,不管一个人的意愿是什么,其实质总是他首先自由地表示意愿。在另一个被不幸剥夺了自由意愿的人身上,建立起这种自由意愿权，这意味着将自己置于他人地位上，即自愿接受不幸，即接受自我毁灭。这是自我否定。人在自我否定的同时，成为仅次于上帝的能以创造性的肯定行为肯定他人的人。人为他人付出代价。这是一种拯救行为。

弱者对强者的同情是自然的，因为弱者在置身于他人地位的同时，获得一种想像的力量。强者对弱者的同情则相反，因而是违情悖理的。

因此，弱者对强者的同情是纯洁的——倘若这种同情的唯一对象是他人对他的同情，而且他人确实宽容大度的话。这是一种超自然的感激，这种感激在于作为超自然的同情的对象而感到幸福。自豪没有因此受到丝毫损害。真正的自豪在不幸中得以保存，这本身就是超自然的事情。纯粹的感激同纯粹的同情一样，从根本上说是自愿接受不幸。在不幸者和他的恩人之间，命运的差异有天壤之别，两者在这种接受不幸的意愿中构成一体。在他们之间，有一种从毕达哥拉斯意义上讲的友谊，奇妙的和谐与平等。

同时，上述二者都承认，最好不要在掌有权力的地方到处发号施令。如果这种思想占据整个灵魂并主宰着想像——它是行动的泉源，那么它就构成了真正的信仰。因为，这种思想将人间的善抛出了这个世界——一切强权根源之所在，这种思想认为世间之人的幸福位于人的中心，并构成弃绝原则的奥秘之点的模式。

即使在艺术和科学中，如果说副产品，无论成果辉煌还是平庸,都是自身的扩展,那么主要产品,即创造,就是弃绝自我。人们辨认不出这个真理,因为荣誉不作区分地以其光彩将主要产品和副产品中最出色的东西混淆并遮盖了,甚至还经常偏向于后者。

由于对他人的仁爱是由创造性的关注构成,因此,它近似精灵。

创造性的关注,在于切实地关心并不存在之物。人类并不存在于道旁躺着的无生气的无名躯体中。撒马利亚人停下来,注视并关心着这个不存在的人类,随后发生的行为表明这是一种切实的关注。

圣·保罗说:"信,是未见之事的确据。"在这关注的时刻中,信仰与爱同时在场。

同样,一个完全听凭他人摆布的人并不存在。奴隶并不存在,无论在其主子眼中或在他本人眼中都如此。当美洲黑奴不小心伤了手脚时会说:"没关系,这是主人的手、主人的脚。"一个完全被剥夺了财富的人是不存在的,不管这些财富是什么,他的社会地位同这些财富已结为一体。一首西班牙歌谣用生动的语言吐露了真情:"倘若某人想成为隐形人,他只要成为穷光蛋,就是最可靠的办法。"爱可看见不可见的东西。

上帝想的是并不存在之物,由于他想到不存在之物,因而使之成为存在之物。我们之所以每时每刻存在,仅仅是由于上帝想着我们的存在,尽管事实上我们并不存在。至少,我们是这样想像创世的,这是从人的角度出发，因而是假象，但是，这种想像中包含着真理。唯有上帝有权力真正想到不存在之物。唯有上帝降临于我们之中，才可能真正地想到不幸者身上的人品，真正以异于看待物的眼光来看待不幸者，真正像人们听他人说话那样聆听他们的声音。不幸者因此发现自己会发出声音，否则，他们就不可能意识到这一点。

真正聆听一个不幸者之声的难度，无异于不幸者知悉有人仅出于同情而听他的声音。

爱他人是一种上帝降临于人的爱。这种爱先于人对上帝的爱。上帝急于降临于不幸者之中。一旦某个灵魂表示出意愿，即使这灵魂是不齿于人类、最可鄙、最畸形的，上帝也急于降临其上，并由之观看和聆听不幸者。只是随着时间的推移，灵魂才得知上帝的在场。但是，它也许无法命名这种在场，凡是不幸者被爱之处，上帝总是在场。

凡是在不幸者仅为人提供做善行的某种机遇之中，即使他们因此被爱，上帝也不会显灵，哪怕有人祈祷。因为，此时他们尽自己的天然之职责，即材料和物质之职。他们被爱是没有人称的。因此，应当在无生气、无名的状态中，给予他们作为人的爱。

因此，诸如以上帝名义、为上帝而爱他人这类说法，纯属欺人之谈，是含糊其辞的说法。一个人无需过分集中注意力，就能对路旁衣不遮体、濒于死亡、骨瘦如柴的躯体看一眼。这不是想到上帝的时刻。在有些时刻，应当想到上帝而忘却其他一切创造物,有时则应当看着创造物,而不去想造物主。在这种时刻,上帝在我们身上显灵的条件,是严守奥秘,甚至对于我们,这种显灵也是奥秘。有时候,想着上帝会使我同上帝分离。羞耻之心是婚姻结合的条件。

在真正的爱之中,并不是我们以上帝的名义去爱不幸者,而是上帝降临于我们之中去爱不幸者。当我们处于不幸之中时,正是上帝降临我们之中,去爱那些欲对我们行善的人。同情和感激降自上帝,当这两者相互注视时,上帝在其目光相遇之处显灵。不幸者和他人以上帝为起点,并通过上帝而相爱,但这不是为了爱上帝;他们为爱对方而相爱。这是某种不可能的事情。因此,只有通过上帝才可实现。

给一个饥饿的人送去面包,以表爱上帝之心的人,得不到基督的感谢。他在想到爱上帝时,已经得到了酬谢。基督感谢那些并不知把面包赐予谁的人。

再者,赠品只是对不幸者表示爱心的两种可能形式之一。权力总是使人得益又有损于人的权力。在极度失衡的力量对比中,占优势者或行使正义使处劣势者得益,或行使正义使处劣势者受损,这是他对处劣势者持公正态度的两种方式。在第一种情况下是施舍;在第二种情况下是惩罚。

正义的惩罚如同正义的施舍,它包含着上帝切实的在场,并且构成某种近乎圣事的东西。这一点也清楚地体现在《福音书》中，耶稣如是说："让无罪者向她扔第一块石头。"基督是唯一的无罪者。

基督宽恕了淫妇。惩罚这种功能，并不适合于将在十字架上告终的尘世间的生命。但是基督并没有要求取消正义的惩罚。他允许人们继续投掷石块。凡是人们正确执行之处，恰恰是基督扔了第一块石头。正如基督寓居于由义人给予食粮的饥饿不幸者身上那样，他也同样寓居于受义人惩治的被判刑的不幸者身上。他并没有说出这一点，但是在像一个刑事犯那样死去时，他已明确表明了这一点。他是惯犯们的神圣楷模。正像基督教工人青年会中的年轻工人们，为基督曾是他们中的一员而欣喜非常，惯犯们可能会名正言顺地为同样原因而陶醉。只需向他们讲明这一点，就像对工人们所说的那样。在某种意义上讲，是基督而不是殉难者更接近他们。

如果说基督在起点和终点都在场的话，砸死人的石头和作为食粮的面包，两者确实具有相同的品性，赠予生命、赐予死亡是等同物。

根据印度教传统，三位一体中第二位格的化身、国王拉马为制止在他的臣民中发生丑闻，怀着极大的遗憾，让人处死一个出身卑微者，这个人违法从事宗教苦行。他亲自去找他，一剑结果了这个人的性命。随之，死者灵魂就出现在他面前，跪在他跟前，感谢他用这把幸运之剑刺死他，感谢他刹那间给他带来的荣耀。这样，这种处决虽在某种意义上讲是完全不公正的，但是由上帝亲自执行，因此是合法的，它具有圣事的全部品性。

如果惩罚不能赋予这种合法性以某种宗教色彩，如果它并不具有与圣事相似的特性的话，惩罚的合法性并无真正的意义。因此，所有一切刑罚的职能，从法官直至刽子手和监狱牢卒，都应当以某种方式参与到圣职中去。

在惩罚中，正义的含义同在施舍中是一样的。正义在于对不幸者的关注是对一个人而不是对物的关注，正义渴望在不幸者身上保留那种表示自由意愿的能力。

人们以为蔑视罪恶，实际上他们蔑视不幸。一个既犯下罪行又遭不幸的人，使人们能尽力以蔑视罪恶为借口来蔑视不幸。这个人就成了受众人鄙视的对象。蔑视同关注是相反的东西。例外的情况仅仅在于：所说的罪恶由于某种原因在人们心目中享有威望，比如我们时有耳闻的谋杀案，那种瞬间即逝的力量或是所说的罪恶，在那些裁决罪行的人看来并不强烈。偷窃是最无声望可言的罪恶，也是最遭人憎恨的罪过，因为财产权具有最广泛、最坚实的基础。这一点在刑法中也有说明。

一个看上去确实有罪或并不真正有罪的人，完全受某几个人的摆布，他们可以草率地决定他的命运，这样的人鸡犬不如。这些决定他命运的人并不关注他。此外，一个人自从落入刑罚之中起，直至从中摆脱——那些人们称为惯犯的人，例如妓女一类，几乎至死都不可能从中脱身——他永不是关注的对象。各个方面关联起来，直至最细小的环节：说话抑扬顿挫、滴水不漏，使他在众人眼里，在他本人眼里成为一个可鄙之物，一个破烂货。粗鲁的举止和轻浮的动作，鄙视的话语和开玩笑，说话的方式，听人说话或不听人说话的方式，这一切都同样奏效。

在这里面，并无任何故意的恶。这是职业生活的自然结果，这种职业生活，把以不幸形式出现的罪恶作为对象，也就是在那种对污秽的恐惧暴露无遗的形式掩盖下的罪恶为对象。这样的接触由于是不间断的，因此必然会传染，而这种传染的形式便是蔑视。正是这种蔑视喷溅到每个受指控人的身上。刑罚则是一架传播机，它使不幸的罪恶寄寓的场所中蕴藏的全部污浊，都泼到每个受指控人身上。在同刑罚接触之中，有一种同无辜、同清白无瑕的灵魂直接成比例的恐惧。那些完全糜烂之徒，不会受到任何损害，因而也不会有什么痛苦可言。

倘若在刑罚和罪恶之间没有某种净化污浊的东西，那么事情就不会有什么不同。这只可能是上帝。唯有高度纯净之物在同恶的接触中没有受到传染。一切有限的纯净，由于长期同恶接触，自身也变为污浊之物。不管以什么方式对刑法作修改，惩罚若不经基督之手，就不可能是人道的。

惩罚严厉的程度并不是至关重要的事情。在目前情况下，犯人尽管有罪，并被判处相对来说较为轻的徒刑，他依然可能被人看作是残酷的不公正法律的牺牲品。重要的是,刑罚是合法的,即它是直接根据法律制定的;而法律被公认为具有神圣的性质,这并非鉴于法律的内容,而是因为法律就是法律;重要的是,一切司法机构的目的是为被告争取法官和助理人员对他的关注,以及那种任何一个处于司法机构控制下的人应得到的尊重,而另一方面要被告同意对他的惩罚,这种同意,无罪的基督已经做出了榜样。

一个犯了轻罪就被判处死刑的人也许在今天并不比六个月的监禁更令人感到恐怖。一个被告在他所处的境况中,除了自己的话语别无任何支援,而他由于自己社会地位低下,又缺少文化教养,不可能用话语来替自己申辩,他被负罪感、不幸和害怕压垮了,在法官面前吞吞吐吐说不清楚,而法官根本不听他,时时打断他,一边滔滔不绝对他说些令人费解的话,这种常见的情况最令人惧怕。

只要在社会生活中还存在不幸,只要合法的或私下的施舍和惩罚是不可避免的,民政机制和宗教生活之间的分离就将是一种罪过。无神论的思想本身是完全错误的。只有对某种集权主义宗教反其道而行之时,无神论才有某些合理性。在这方面,应承认它有部分合理性。

宗教要做到无所不在——它应当如此——不仅不应当成为专制权力,而且应当将自身严格限定在同它相称的超自然之爱的范围内。如果宗教做到这一点,它将渗透一切领域。《圣经》说:"德行无所不在,因为它是完全纯洁的。"若没有基督,没有广义上所说的乞求和刑罚,那也许是尘世间最可怖的事,是两个毒瘤般的东西,带着地狱般的黑暗阴森。此外,还有卖淫,它是没有任何仁慈可言的施舍、惩罚同正义的施舍、惩罚之间的真正结合。

人获取了向他人行善和作恶的权力,这不仅指肉体,而且针对灵魂,针对上帝并未临降其身的人的灵魂,对上帝并未在场的他人的全部灵魂。如果上帝寓居某人之身,恶势力或仅仅由肉体机械机制寓居其身的人做出施舍或惩罚,那么他自身所拥有的一切就会通过面包或刀刃进入他人的灵魂。面包和铁是纯净的,并无善恶,它们不作区别地把善和恶传递出去。不幸迫使他不得不接受面包。遭受打击的人,其灵魂赤裸裸地无防备地暴露在善和恶面前。要得到善,只有一种方法,那就是不要抽象地去领会,而是以整个灵魂去领会:人并不是由纯粹的仁慈赋予生机,而是同无生命的物一样,是世界机制中的齿轮。从那时起,一切都来自上帝,或通过爱他人,或通过毫无生气的可触摸到的心理的物质,或穿过精神或水。一切促发我们生命力的东西都像面包一样,基督为此感谢义人们;所有的打击、创伤和残疾犹如通过基督之手投向我们的石头。面包和石头来自基督,进入我们的身心,使基督降临于我们身上。面包和石头就是爱。我们应当吃下面包,接受石头,让它尽可能地进入我们的躯体。如若我们拥有某种能保护我们灵魂、能对付基督向我们投来的石头的盔甲，那么我们应当卸下这副盔甲，将它扔掉。

## 爱世界的秩序

热爱世界的秩序，爱世界之美，是爱他人的补充。

这种爱来自同一种弃绝，即上帝创造性弃绝的形象。上帝使这个世界存在，并自愿不对这个世界发号施令，尽管他有这种权力。他一方面自愿让同物质紧密相连的机械的必然性（包括灵魂的心理物质在内）代替他主宰一切，另一方面让位于坚持正统思想的人所具有的基本自主性。

在爱他人之中，我们仿效神圣的爱，这种爱创造了我们自己以及我们所有的同类。在爱世界的秩序中，我们仿效神圣的爱，这种爱创造了我们所属的这个世界。

人无需放弃主宰物质和灵魂，因为人并不拥有这种权力。但是，上帝给予他关于这种权力的观念的形象和观念的神圣，目的在于使他能清除自身的神圣；尽管他只是一个受造物。

同上帝一样，身在天地之外，却是天地的中心，每个人都具有处于世界中心的一种观念的地位。对前景产生的错觉使他位于世界的中心；类似的错觉使他产生一种错误的时间观念；另一种类似的错觉环绕着他安排好了各种价值等级。由于我们身上的价值感情和存在感情紧密相连，这种错觉甚至扩展到生存的感情，存在由于离我们更远似乎变得越来越淡薄。

我们使这种错觉的空间形态降低到具有欺骗性的观念水平，我们不得不这样做；否则，我们就看不到任何事物，甚至无法引导自己以清醒的头脑向前迈进一步。上帝给我们提供了改造我们整个灵魂的示范。由于我们从小就学习把这种错觉降低并压抑在空间感情中，我们对时间、价值、存在的感情也将照此办理。否则，我们就不可能以空间以外的其他形态，区别一样东西，迈出一步。

我们身处非现实中，处于梦幻中。放弃我们观念的中心地位，不仅在我们的智力方面而且在我们的灵魂中具有想像力的方面放弃这种地位，这样做就是在现实面前清醒过来，在永恒面前清醒过来，就是看到真正的光明，倾听真实的沉默。变化就发生在感受的根基上，以直接的方式接受感受的印象和心理印象。这种变化类似这样一种情况：傍晚时分，在大道上，我们似乎看到有人蹲在那里，突然间发现那不过是棵树；或者，我们以为有人在窃窃私语，但却发现是树叶的沙沙声。人们听到同样的声音，看到同样的颜色，但方式各不相同。

清除自身虚假的神圣，否定自身，抛弃在想像中成为世界中心的想法，区别世界上各种各样处于同样地位的中心和真正位于世界之外的中心，就是赞同机械必然性在物质中的统治，赞同自由选择在每个灵魂中心的统治地位。这种赞同就是爱。转向持正统思想的人们的那一面，就是对他人的仁慈；朝向物质的那一面就是爱世界的秩序，或说爱世界之美，这是一回事。

在古代，爱世界之美在思想领域中占有特别重要的位置，它使整个生活蒙上一层美妙的诗意。在中国、印度、希腊，在世界各民族中都是如此。希腊的斯多亚主义是美妙的东西，早期基督教同它很相近，尤其是圣·约翰的思想更接近它，斯多亚主义几乎可说就是爱世界之美。至于以色列，在《旧约》的某些章节、《诗篇》《约伯记》的某些章节、《以赛亚书》和《智慧书》中，都有关于世界之美的精彩叙述。

圣·方济各的例子表明世界之美在基督教思想中能占有什么样的位置。他的诗作意境优美，而且他的一生就是一篇行动着的优美诗歌。例如，他对隐居地和修道院院址的选择，本身就是行动中的最优美诗篇；他全身赤裸以便同世界之美保持直接接触。

在圣·约翰的作品中也有关于世界之美的诗句。但是一般来说，尽管对无人知晓的、鲜为人知的、或许淹没在中世纪尘埃中的财富有适当保留，人们还是能说，世界之美在基督教传统中几乎不存在。这有些离奇，其原因不详。这是个严重缺陷。如果说宇宙本身在基督教中不存在，那基督教怎么有权自称是大公教呢？

确实，在《福音书》中很少谈到世界之美。但是，正如圣·约翰所说，在这本远没有包括基督的全部教导的小册子中，基督的门徒无疑认为不必要加进有关如此广泛传播的感情方面的东西。

在《福音书》中，有两处谈到世界之美。一处是基督嘱咐人们注视并仿效百合花和鸟类，对未来漠不关心，对命运绝对服从；另一处是注视并仿效雨和阳光一视同仁的赐予。

文艺复兴似乎是越过基督教同古代恢复了精神的联系，但只是从古代汲取其灵感的副产品，诸如艺术、科学和珍宝等同人类社会有关的东西；文艺复兴几乎没有涉及古代灵感的中心。它并没有同世界之美恢复接触。

十一和十二世纪，已是文艺复兴的初期，它本来会成为一次真正的文艺复兴，如果当时能取得积极成果的话；文艺复兴主要在朗格多克地区初露萌芽。行吟诗人描写春天的一些诗句，使我们感觉到那时基督教的灵感和爱世界之美也许并没有分割开。此外，奥克精神给意大利打上深刻印记，这种精神与方济各会的神灵启示也许不无关系。可是，或许由于巧合，或许由于因果关系，这些萌芽在经历了阿尔比人战争之后，均未能生存下来，仅仅留下了一些遗迹。

今天，我们可以认为白色人种几乎已失去了对世界之美的敏感性，白色人种在它的武力、贸易和宗教势力所到之处，把毁灭世界之美作为己任。正如基督对法利赛①人所说:"让不幸降临你们之身!你们夺走了知识的钥匙;你们不进去,也不让别人进去。"

然而,在今天,在白色人种的国度里,世界之美几乎是唯一可能让上帝进入之路。因为我们离其他两条道路更加遥远。真正热爱并尊重宗教仪式的情况是少数,即使那些坚持不懈地做礼拜的人也如此,而在其他人中间几乎根本不存在。大多数人甚至连设想的可能性也没有。在对不幸的超自然的运用方面,同情和感激不仅罕见,而且如今几乎对众人而言成为难以理解的事情。同情和感激的想法本身几乎已不复存在;这两个词的意义本身成为低下的。

爱美的感情虽然已被歪曲、阉割和玷污,不像强大的推动力那样寓于人们心间,但是仍存在于尘世生活的各个方面。如果这种感情变得纯真的话,它将会把整个世俗生活统统搬到上帝脚下,并会使信仰的事完全体现为可能的事。

此外,一般地讲,世界之美是最普遍、最容易、最自然的道路。

正如上帝在每个灵魂敞开时匆匆向它奔去,并通过灵魂去爱不幸者、为不幸者服务,上帝也向每个敞开的灵魂奔去,通过它去爱,去欣赏自己创造之物的引人注目的美。

---

① 法利赛人(Pharisiens):古代犹太教的一个派别成员,以严守成文法律见称,圣经中称他们是言行不一的伪善者。

然而，相反的情况更为真实。灵魂爱美的天赋倾向，是上帝最经常使用的手段，以使灵魂迎着上天的气息敞开。

科雷①正是中了这个圈套。水仙花的香气使苍天、大地和波涛滚滚的大海欣喜微笑。这位可怜的姑娘刚伸出手就被抓住了。她落入了活生生的天神之手。当她从天神那里出来时，她已吃下了石榴子，永远摆脱不了了。她失去了贞操，成了天神的妻子。

世界之美是迷宫的入口。冒失的人进去之后，才走几步便无法再找到这个入口。他没吃没喝，精疲力尽，独自一人在黑暗中，同他的亲戚朋友、同他所爱的一切、同他所熟悉的一切都分离了，他走着走着，既无目的，也无希望，甚至不知道自己是在走还是在原地转圈。但是，这种不幸同威胁着他的危险相比，简直算不了什么。因为，倘若他没有失去勇气，并继续走下去，可以肯定他最终会到达迷宫的中心。上帝正在那里等待他以便吞食他。然后，他将重新来到世上，但是完全变了样，成为另一个人，因为他被上帝吞食和消化了。于是，他将站在迷宫入口处，轻轻地把走近的人推入口内。

世界之美并不是物质本身的附属物。这是世界同我们的敏感性之间的一种关系，这种敏感性取决于我们的躯体和灵魂的结构。伏尔泰的微型巨人②属于纤毛虫纲的

---

① 科雷（Coré）：希腊神话中的地狱女王，宙斯之女。
② 《微型巨人》（Micromégas）：伏尔泰哲理小说。

有思想的动物，不会理解我们在天地间作为精神养料的美。如果这一类生命确实存在的话，那么应当确信世界对它们也会是美丽的；但是，这将是另一种美。不管怎样，应当确信天地间无处不美；更应当相信同每一个确实存在的和可能存在的有思想的存在物的身体和心理结构相比，天地具有完善的美。正是这种无限完善之美的一致性，造成了世界之美的超越特性。然而，我们从这种美中所感受到的东西，是为我们人类的敏感性服务的。

世界之美，是神圣的德行同创造合作的产物。古代崇拜俄耳甫斯神秘教理的诗句："朱庇特造出万物，巴克科斯①使万物尽善尽美。"尽善尽美之意就是创造出美。上帝创造了世界，神子——我们的长兄——为我们创造了美。世界之美，就是基督通过物质对我们亲切微笑。这微笑确实存在于世界之美中。对这种美的爱来自降临于我们灵魂的上帝，这爱又朝位于宇宙的上帝而去。这也是某种近似圣事的事。

只有世界之美才是如此。但是，除上帝之外，唯有宇宙才可能称得上名符其实的美。只有将美这个词延伸到同美间接有关的东西，延伸到美的仿效物上，在超出美的严格意义的情况下，宇宙中和小于宇宙的事物中的一切才能用美来称呼。

所有这一切次等的美，是无价之宝，它们像一些朝

---

① 巴克科斯（Bacchus）：罗马神话中的酒神。

向世界之美启开的口。但是，倘若人们停留在这些次等美那里，它们便会成为帷幕；这样，它们便具有腐蚀性。所有这些次等的美都或多或少包含着这种迷惑性，只是程度不同而已。

有许多诱惑因素，同美风马牛不相及，但是由于人们缺乏鉴别力，又受到这些因素的影响，就把那些包含着诱惑因素的东西称为美的东西。因为这些因素以不当手段赢得人们的爱，而所有的人把他们所爱之物都称为美。所有的人，甚至最无知、最卑鄙的人都知道只有美才有权利得到我们的爱。真正的伟人也知道这一点。没有任何人置身于美之上或美之下。一旦人们要赞颂自己所爱之物，赞美之词就会脱口而出。可他们仅仅略有鉴别美的能力。

美是尘世间唯一的合目的性。康德说得好，这是一个不包含任何目的的合目的性。一样美的东西除了它自身——它呈现在我们的整体之外，不包含任何财富。我们向它走去，却不知道向它要求些什么。它把自己的生命交给我们。我们并不渴求他物，我们拥有这一切，然而我们还渴望着。我们全然不知渴望什么。我们要走到美的背后，但是，美只是一层表皮。它犹如一面镜子，把我们对美好的渴望反射回来。美是斯芬克司，是谜，是令人恼怒的神秘。我们想把它当作食物，可是，它只是观赏之物，只在一定距离上才会出现。人生活中的巨大痛苦就在于看和吃是两种不同的行为。只有在天的另一方，在上帝所在的地方，二者才成为同一和唯一的行为。从孩童时代起就是如此，当他们久久注视着一块点心时，几乎不忍心拿起来吃掉它，但是又自禁不住，因而感到痛苦。也许，邪恶、堕落和罪恶本质上几乎就是诱惑人们去吃掉美，吃掉只应当看的东西。夏娃第一个这样做了。如果说她偷吃了禁果因而使人类遭难，那么看着禁果而不吃它，这相反的行为应当是拯救人类。《奥义书》中说："两个长翅的同伴，两只鸟在一根树枝上，一只鸟吃了果子，另一只鸟看着果子。"这两只鸟就是我们灵魂的两部分。

正因为美并不包含任何目的，它才在尘世上构成唯一的合目的性。因为尘世间的一切全无目的。我们误以为是目的的一切东西只是手段而已。这是不容置疑的真理。金钱是购买东西的手段，权力是指挥的手段。那些我们称之为财产的东西，有些明显，有些不太明显，都是这样。

唯有美不是为了实现他物的手段。唯有美就其本身而言才是好的。但是我们在美之中寻找不到任何财富。美本身似乎是许诺而不是财富。但是它只付出它本身，从不付出他物。

然而，由于美是唯一的合目的性，所以在人类的一切追求中，它都在场。虽然所有的追求都只是求得手段——因为尘世间所存在的一切仅是手段，美仍给予这些追求以一种带着合目的性色彩的光芒。否则，就不可能有什么欲望，也不可能有追求的动力。

对于阿巴贡①这类守财奴来说，世界的全部美都包含在金子之中。确实，黄金这种纯净而闪光的物质是美的。随着作为货币的黄金的消失，这一类守财奴也随之消失。如今，那些只进财不付出的人在寻求权力。

想方设法发财致富的人中，大部分都把穷奢极欲的思想同财富联系起来。奢侈是财富的合目的性。奢侈对于某一类人来说就是美。奢侈构成了这样一种环境，这些人只有生活在其中才能依稀感到天地人间是美的；正如圣·方济各为了感受到世界的美，需要到处漂泊，乞讨为生。如果在这种和那种情况下，世界之美都是以同样直接、同样纯粹、同样充分的方式被感受到的话，那么这两种手段都同样是合情合理的；可是，幸运的是，上帝的意志并非如此。贫困拥有某种特权。这是神的安排，若无这种安排，爱世界之美将会同爱他人产生矛盾。然而，对贫困的恐惧——财富的减少都可能被认为是贫困或是非增长——从根本来说就是对丑的恐惧。由于境遇的阻挠而不能感受到的——即使是模糊地通过谎言——世界之美的灵魂，已遭到一种恐惧的侵袭。

酷爱权力，也就是渴望在自身周围的人和事中间建立起秩序，一种或大或小的秩序，而这种秩序由于出自追求美的感情，是令人渴望的。在这种情况下，正如在

---

① 阿巴贡：莫里哀喜剧中人物。

追求奢侈的情况下一样，问题在于给予某一个确定的阶层——可是人们往往不断地想扩大这个阶层——以一种会造成世界之美的印象的安排。不满足，渴望发展，究其根源，正是人们渴望同世界之美保持接触。与此同时，人们所组织起来的环境并非是整个世界。这个环境不是世界，它将世界遮盖起来。周围的世界就像舞台的布景。

瓦莱里[1]的诗《赛米拉弥》[2] 清楚地使人感到暴政和爱美之间的联系。路易十四在不打仗时——战争是他扩张权力的手段———心只想着寻欢作乐、兴建豪华宫殿。战争本身——尤其是古代的那种战争——异常强烈而又极其深刻地触及对美的情感。

艺术就是一种把整个世界无限美的形象搬到数量有限的经人加工的物质中去的企图。如果这种尝试成功了，那么这一部分物质就不会遮掩世界，而是相反，它会向人们揭示周围世界的现实情况。

艺术作品若不是世界之美的正确的和纯净的反映，不是在世界之美上直接开凿的窗口，那确切地说，这样的艺术作品不能说是美的，也算不上是一流作品；这些艺术作品的作者们也许才华横溢，但算不上真正的天才。这就是许多出类拔萃、享誉盛名的艺术品的情况。每一个真正的艺术家，都曾同世界之美有过真正、直接、紧密的接触，这种接触类似圣事。所有第一流的艺术作品

---

[1] 瓦莱里（P. Valéry, 1871—1945）：法国作家，诗人。
[2] 赛米拉弥：传说是巴比伦女王，曾建豪华宫殿巴比伦空中花园。

都得到上帝的启迪，即使这些作品的主题是世俗的；而其他作品得不到上帝的默示。反之，在其他作品中焕发出的美的光彩也很可能是邪恶的光泽。

科学的目的，是研究和从理论上重建世界秩序，即相对于精神、心理、身体的结构而言的世界秩序；同一些科学家的天真幻想相反，无论是使用望远镜还是显微镜，运用最奇特的代数公式还是置非矛盾原则于不顾，都不能摆脱这种结构的限制。此外，这样做也是不受欢迎的。科学的目的是：智慧——我们是智慧的教友——在宇宙中在场，基督通过构成世界的物质而显灵。

以有限、可数又严格确定的素材为根据，我们在形象中重新建起世界秩序。我们在这些抽象的、我们能使用的词语之间，设想着各种关系，建立起联系。这样，我们就可能在形象之中——这种形象的存在本身由于受到我们的注视而悬搁起来——观察构成宇宙实质的那种必然性，可是，这种必然性只有通过打击才会呈现在我们面前。

没有爱就不会静观。静观世界秩序的这种形象，构成了同世界之美的某种接触。世界之美，就是人们热爱的世界秩序。

体力劳动构成了同世界之美的一种特殊接触，在最好的情况下，这样全面充分的接触在别处无可替代。艺术家、科学家、思想家、静修士应当正视宇宙，穿透非现实的表膜——它将宇宙遮盖住并且把宇宙对几乎所有的人、几乎在他们生命的每一时刻变为梦幻或舞台的布景。他们应当这样做，但在多数情况下做不到。劳累了一天的人，也就是说一整天他被置于物的支配之下，他感到疲劳不堪，世界的现实就像一根刺那样扎在他肉体中。对于他，欣赏和爱是一件难事；如果他做到这一点，他就会爱真实。

这是上帝给予受苦的人的特权。但是受苦人几乎永远不会知道。无人会对他们说。极度的疲惫，缺钱的困扰，又无真正的文化生活可言，这一切使他们不可能得知这一点。只需对他们的条件稍作改善就足以为他们打开通向富裕之路。在许多情况下，人们很容易为他人提供方便，而在漫长岁月中却不愿费这点力，看到这种情形让人心碎！

在过去尚有世俗文明的时代，民众无疑能享有这种珍宝，今天人们搜集过去时代民间文明的残留物，把它们视为珍藏品，取名为民俗。神话便是佐证，它很接近于民俗学，只要我们能从中体会到它的诗意。

各种形式的肉体上的爱，从最高尚的形式——真正的婚配或柏拉图式的爱情，直至最低级的形式，直至淫欲，其对象物都是世界之美。对天空中变幻的景象之爱，对原野、海洋、崇山峻岭的风光景色之爱，对发出各种虫鸣声的宁静的自然界之爱，对风声、温暖的阳光之爱，这爱——每个人都会在一瞬间隐约感觉到，这是不完全的、痛苦的爱，因为这种爱是对不会作答的物的爱，是对物质的爱。人欲把这同样的爱移植到自己的某个同类身上，能对这种爱作出反应，表示接受并投身于这种爱的人身上。这种追求美的感情，有时同人的外表联系在一起，这使爱的转移至少只是幻想式的。但是，欲望所渴求的是世界之美、天地之美。

有关爱的全部文学，从诗歌中最古老、最平淡无奇的明喻和隐喻，直至普鲁斯特[①]作品中最精辟的分析所表现的，正是这类爱的转移。

在人身上体现出来的爱世界之美的愿望，从根本上就是道成肉身的愿望。把这种愿望当作他物，完全是谬误所致。唯有道成肉身才可能满足这种愿望。人们有时指责神秘主义者使用爱情的语言，这就完全错了。正是神秘主义者才成为这种语言的理所当然的主人。其他人只有权借用而已。

如果说各种形式的肉体的爱，在不同程度上是追求美——例外的情况也许只是表面现象，这是因为在人身上体现的美，将其变成想像中的等同于世界秩序的某物。

因此，这个领域中的原罪是严重的。这些罪是对上帝的冒犯，因为灵魂在不自觉地寻求上帝。此外，这些罪归根结底是一宗罪：或多或少地想要放弃意愿。欲放弃意愿是许多人所犯的最严重的罪过之一。有什么比不尊重一个人的意愿更加可怕的事？人虽无意，却在他身

---

① 普鲁斯特（M. Proust, 1871—1922）：法国作家。

上寻找上帝的等同者。

满足于出自灵魂低层或表层区域的意愿，这也是一种罪，尽管不那么严重。倘若双方的意愿并不出自灵魂深处——在那里赞同必定是永恒的——那么不管有还是没有肉体的结合，爱的交流都是不合情理的。婚姻的义务，在今天人们往往把它视为一种普通的社会契约，鉴于肉体的爱和美之间的相近性，它已属于人类思想本性上的东西。凡是同美有关的一切，都应排除在时间流程之外。在人间，美是永恒的。

人在受到诱惑时往往产生无法控制、不可抵挡的绝对感情。绝对确实存在。但是，倘若人们认为这种绝对存在于乐趣之中，那就错了。

错误产生于那种构成人类思想主要机制的想像的转移。约伯说到的那个奴隶认为主人的话音会伤害他，只有当他死去时才会听不到这声音。这是千真万确的。主人的声音给他带来巨大的痛苦。然而，他又错了。令人痛苦的，并不是说话的声音本身。倘若他不是奴隶，主人的话音并不会给他带来痛苦。但是，由于他是奴隶，鞭笞的痛苦和粗暴随同他听到的话音一起进入他的灵魂深处。他无法抵挡。不幸将这两者结合起来了。

同样，人自以为受乐趣的控制，事实上，他受寓于乐趣中的绝对的支配。这个绝对同乐趣结合在一起如同鞭笞同奴隶主的话音联系在一起；但是，这种联系在此并不是不幸的效果，它是原罪，一种偶像崇拜罪的效果。

圣·保罗着重指出了罪恶和偶像崇拜之间的亲缘关系。

将绝对寓于乐趣中的人，不可能不受绝对的支配。人并不反对绝对。将绝对寓于乐趣之外的人是洁身自好的完人。

各种不同的恶习、使用毒品——从这词的本意和引申意义上讲，这一切旨在寻求某种能感受到世界之美的状态。错误正在于寻求某种特殊状态。虚假的神秘主义也是这种错误的一种表现形式。倘若错误已在灵魂中扎根，人就不可能不屈服。

一般来说，人的各种各样趣味，从最邪恶的到最天真无邪的，从最一般的到最个别的，都同总体境遇有关，同人们以为能接触世界之美的环境有关。这样的或那样的总体境遇的优先权取决于气质、过去生活的印迹，往往还有无法解释的原因。

仅有一种颇为常见的情况，即：乐趣诱惑人之处并不是在接触美之时，而是相反，是当乐趣为人提供一个能抵御美的场所之时。

灵魂只寻找与世界之美的接触，或是在更高的层次上与上帝的接触；可是，与此同时，灵魂又在躲避美。当灵魂躲避某样东西时，它会永远躲避着：或躲避可怖的丑恶，或避免同真正纯洁之物接触。因为一切平庸之物都避开光明；而在所有的灵魂中，除了近乎十全十美的灵魂之外，绝大部分都是平庸的。每当纯真的美、纯净之物稍有显现时，这部分灵魂就会惶惶不安；灵魂以肉体为屏障，让肉体为之掩护。正像好战的民族，为在征战中获胜，需要为其侵略行为找寻某种借口一样（这种借口是否高明则无关紧要）。同样，灵魂中的平庸部分也需寻找一点借口以逃避光明。乐趣的诱惑、惧怕痛苦就提供了这种借口。在此，仍然不是乐趣而是绝对支配着灵魂，但是是作为厌弃之物，而非作为具有吸引力的东西。在寻求肉体乐趣的过程中，往往出现两种行为相互结合的情况，一种行为是追求纯真的美，另一种行为是远远躲开它，这两种行为交叉在一起难以分辨。

不管怎么说，在人类从事的各种活动中，通过对或多或少变形或被玷污的形象，关注观察到的世界之美的活动，从来不曾停止过。因此，在人类生活中，并没有自然界的一席之地。超自然无处不秘密在场；圣宠和深重罪孽以各种形式处处存在。

在上帝和这一些部分的、无意识的、有时是罪恶的对美的追求之间，唯一的中介是世界之美。只要基督教尚未辅以斯多亚主义及对尘世的家园即我们的世界的忠孝之心，它就不会道成肉身。鉴于某种今天难以理解的误解所造成的后果，基督教便同斯多亚主义分道扬镳，它使自己成为一种抽象的和分离的存在。

对美的追求的最高成果，如艺术和科学领域里的成果，并不是真正的美。唯一真正的美，唯一体现上帝真正在场的美，是世界之美。小于世界之物，无美可言。

如果说有一件艺术品称得上完美无缺的话，那么世界之美，就像完美无缺的艺术品一样美。因此，世界不包含任何可能构成终极或极善的东西。它不包含任何合目的性，除了世界之美；这就是对这个世界应当认识到的基本真理，世界绝无合目的性。任何一种合目的性的关系在这世界上是行不通的，除非通过谎言或出于谬误。

拿一首诗来讲，如果有人问为什么某词在某处，对此居然有解答，那么可以说这并不是一首好诗，或者读者对这首诗根本不理解。如果有人能合情合理地说明这词放在这里是为表达某种思想，或出于语法需要，或为了押韵，或为叠韵，或为了充实诗句，或为了增添某种色彩，甚至同时考虑到以上这些理由，那就是在写诗时追求效果，就不会有任何真正的灵感可言。对一首真正优美的诗来说，唯一的回答是，这词在那里因为它适合于那里。其证明就是它在这位置上，而且诗是美的。诗是优美的，就是说读者别无所求。

艺术正是这样模仿世界之美。物、人和事情的适度性仅仅在于：所有这一切存在着，我们不应当希望这些不存在，或曾经是其他形象。这样的愿望是对我们的生存世界的不忠，是对世界缺乏斯多亚式的爱。我们是以这样的方式被创造出来的，以至于这种爱在事实上是可能的；正是这种可能性名为世界之美。

博马舍[①]提出这样的问题："为什么是这些东西，而

---

① 博马舍（P. A. Beaumarchais, 1732—1799）：法国剧作家。

不是其他的呢？"这个问题永远得不到答案，因为世界没有合目的性。没有合目的性，即是必然性的统治。万事有起因而无终极。自以为识辨神明的特别用意的人，就像那些恣意糟践一首优美诗歌、尽心尽力从事他们称为文章解释工作的教师一样。

在艺术中，这种必然性的统治的等同物是物质的抵抗和专断的规则。诗韵强制诗人在选词时接受某种同连贯思路毫无关系的趋向。诗歌中，诗韵的作用也许类似于生活中不幸所起的作用。不幸迫使人们以全部身心感受到合目的性的不在场。

如果灵魂追求的方向是爱，那么，越注视必然性，必然性的金属般坚硬、冰冷的表面就距肉体越近。这正是约伯所感受到的。因为他在苦难中是如此诚实，因为他不允许自己的任何想法玷污真理，因为上帝降临到他身上，向他启迪世界之美。

因为没有合目的性，没有意图，就是世界之美的本质，基督教导我们，要把它视作普洒在义人和恶人身上的阳光雨露。这使人想起了普罗米修斯的呼声："共同的光明通过苍天普照众生。"基督要我们模仿这种美。柏拉图在《蒂迈欧》中也建议我们，在对世界之美的持久而反复的注视中，使自己成为类似环形运动的那种和谐，这种运动夜以继日、月复一月、年复一年地周而复始。也是在这类环形运动中，在它们相互的结合中，无合目的性、无意图是显而易见的；纯净的美在这类运动中光芒四射。

正因为世界能被我们所爱,正因为世界是美的,它才是我们的故土。这是尘世间唯一的故土。这种思想是斯多亚式的智慧本质。我们有天国。但是从某种意义上说,爱天国太难,因为我们并不认识它;在另一种意义上说,爱天国又太容易,因为我们可以随心所欲地想像天国。我们有可能在爱天国的名义下去爱某种想像。如果对这种想像的爱特别强烈,那么它会使一切品德变得容易,而且没有价值。让我们热爱人世间的故土吧!它是现实的;它抗拒爱。上帝让我们去爱的正是这片故土。爱这片故土是困难的,但却是可能的,这是上帝的意愿。

我们在人间感到自己是个外来人,是个背井离乡者,到处流浪。正如奥德修斯①在熟睡时被水手们运送走,他醒来时发现自己身处异乡,思念依达克岛②之情使他肝肠寸断。雅典娜使他睁开眼睛,他发现自己回到了依达克岛。同样,任何一个思念故乡的人,只要他不被卡吕普索③和美人鱼迷住,有一天会突然发现自己身在故乡。

模仿世界之美,对无合目的性、无意图、无歧视做出回答,这就是在我们自身中无意图,就是放弃自己的意愿。完全地服从,就是完美无缺,就像我们的天父那样完美。

---

① 奥德修斯(Ulysse):希腊神话中的英雄。
② 依达克岛(Itaque):奥德修斯故乡,依奥尼亚群岛之一。
③ 卡吕普索(Calypso):仙女,奥德修斯在长年漂泊后在她的岛上停留十年之久。

在人类中，奴隶听命于他的主人，不会使他变成像主人一样的人。正相反，奴隶越顺从，他同主宰他命运的人之间的距离就越大。

人同上帝的关系就不一样。如果一个通情达理的人，绝对服从上帝的意志，他就会变得同上帝的形象同样完美。

在人身上所体现出来的上帝形象，是在我们身上同作为人这个事实相关的某种东西，而并非这个事实本身。这是弃绝作为人的那种功能。

每当一个人升华到使他变成神灵的完美高度时，他身上就出现某种非人的、无名的东西。他的声音被沉寂所笼罩。在伟大的艺术品和思想杰作中，在圣人的伟大的言行中，这是显而易见的。

因此，从某种意义上讲，确实应当把上帝设想为非人的，在这个意义上，他确实是在自我弃绝中超越自我的人的神圣楷模。把上帝设想为一个无所不能的人，或是设想为名叫基督的人，这就是排除自身得到上帝的真正的爱。因此，应当在阳光普照下热爱天主的完美。在我们身上，这种自我弃绝的绝对神圣的楷模便是顺从，这就是世界的创造和秩序的原则，就是存在的圆满。

正因为放弃成为一个人，会使人变成上帝的映像，因此将人投入不幸中，使之沦为无生气之物的状况，是异常可怕的事。由于他们具有人的品性，人们剥夺了他们放弃成为人的那种可能性，除了那些已经有了准备的人以外。由于上帝创造了我们的自主,使我们有可能出于爱而放弃成为人,鉴于同样的理由,我们应当有在我们的同类中保持自主的意愿。完全顺从的人,把人们自由选择的能力当作无比珍贵的东西。

同样,在爱世界之美和同情之间并不存在矛盾。当人们处于不幸之中时,这种爱并不能使人们自身不受苦,也同样不能使他人不受苦,因为他人也处在不幸之中。爱世界之美同受苦不是同一层次的问题。

爱世界之美是人所共有的感情,同时,这种爱引起了对一切真正可贵的、易遭厄运毁掉的事物的爱,作为对爱世界之美的补充并从属于它。真正可贵的事物是那些构成走向世界之美的阶梯和朝向世界之美的窗口的东西。追求世界之美的人对这些事物的爱不是比以前少而是比以前更多。

艺术和科学的纯真成果就属于这一类事物。更广泛地说,使各社会阶层的人类的生活蒙上诗意的东西,都属于这一类。每个人都通过某种人间的诗歌——即天国光芒的反射——而扎根在尘世上,这种天国的光芒,便是模糊感觉到的人同自己的天地之间的故土联系的纽带。不幸使人从尘世的土地上被连根拔起。

尤其是人类的城池,根据各自不同的完美程度,都以诗意影响着市民的生活。它们是世界都市的形象和反映。此外,人类的城市越具有民族的形式,越自以为是祖国,它们的形象就越变形和受玷污。但是,从物质上或从精神上毁掉人类的城池,或是把人类投入社会的残渣中,以此将人排斥在城市之外,这种做法等于切断人类灵魂和宇宙之间的一切诗意和爱的联系。这等于将人强行推入丑恶的恐怖中。很少有比此更大的罪恶了。我们每个人都是这一类众多的罪恶的同谋和参与者。若能意识到这一点,我们都该流下血泪来。

## 爱宗教礼仪活动

热爱具有神职职务的宗教,这本身并不是一种对上帝外露的爱,而是对上帝内在的爱,尽管上帝的名字必定会出现在这种宗教中。因为这种爱不包含同上帝直接、即刻的接触。如果宗教礼仪活动是纯洁的的话,上帝就像在爱他人、爱世界之美中那样在这些活动中而不是以其他方式显灵。

由于生活境遇各不相同,爱宗教在人们的心灵中所具有的形式也各不相同。有些生活环境使这种爱无法产生,或者在它变得强烈之前就被环境扼杀。一些人在不幸中情不自禁地将对宗教的仇恨和蔑视结合一起,因为某些神职人员为人暴戾,傲慢或腐化使他们受折磨。另一些人从小就在深受这种精神影响的环境中长大。应当想到,在这类情况下,由于上帝的仁慈,如果爱他人、爱世界之类的感情足够强烈和纯洁的话,就足以引导人们的灵魂达到任何高度。

热爱具有神职的宗教，其对象一般是在某个国家或人们成长的某种环境中占统治地位的宗教。每当人们想到为上帝服务时，出于某种随同生活在灵魂中养成的习惯，每个人首先想到的是这种宗教。

宗教礼仪活动的功效完全可以根据口中念诵佛祖名字的佛教传统来设想。据说，菩萨允诺：凡是呼唤他、渴望得到解救的人都会被他接到身边，进入净土；据说，由于这种承诺，呼唤天主的名字确有改变灵魂的特效。

宗教只是上帝的应许，除此无他。一切宗教活动、礼拜仪式都是念叨天主的名字的一种形式，因而原则上应当具有某种功效，即拯救怀着这种愿望全身心投入宗教活动的人。

所有的宗教都用自己的语言呼唤天主的名字。对于一个人来说，最好是用母语而不是用外语来称呼上帝。特殊情况除外。当人的灵魂在必须做出一点努力以寻找外语单词——即使是常用词——的情况下，它就不可能聚精会神地从事宗教活动。

若一位作家的母语是一种贫乏的、难以运用的并且在世界上使用面很窄的语言，那么他就会尝试用另一种语言来表达。取得卓越成就的有几例，如康拉德[①]，但这类情况为数极少。除了特殊情况，这种语言上的变化会造成麻烦，使思想和风格受到损害；作家会难有成就；

---

① 康拉德（Conrad，1857—1924）：英国作家，主要作品是历险小说。

使用外语写作十分不自在。

对灵魂来说，改宗就像作家用另一种语言写作一样。确实，并非每种宗教都适合于以正确的方式称呼天主的名字。当然有一些宗教是非常不完善的中介者。以色列的宗教就是一例，是极不完善的中介者，以致基督被人绑在十字架上受难。罗马的宗教也许在任何水平上都称不上是宗教。

但是，一般地说，宗教的品级是一件极难鉴别的事情，或者说几乎是不可能——也许是完全不可能——鉴别的事情。因为一种宗教是从内部被认识的。天主教徒们称这是天主教的特性，其实各种宗教都如此。宗教是一种食粮。用目光去评价从未吃过的食物的滋味和营养价值是很困难的。

各种宗教之间的比较仅由于同情的特殊功效在一定程度上才是可能的。如果在从外部观察人的同时，在一段时间里出于同情而将心比心的话，那就可能在一定程度上认识人。同样，如果人们在一段时间里出于信仰将自己置于所研究的宗教的中心，就可能对各种不同宗教的研究有所了解。出于信仰，是从这个词最强烈的意义所说的。

这几乎是不可能做到的事。因为有些人没有任何信仰；有些人只专一信仰某种宗教，而对他人的关注就像人们注视某些奇形怪状的贝壳一样。另有些人自以为能做到不偏不倚，因为他们只有一种到处滥用的模糊的宗教感情。相反，必须赋予一种宗教以全部的关注、信仰和爱，才可能以最大的注意力、最高的信仰和最伟大的爱想到另一种宗教。同样，正是那些能给人以友谊的人——而不是他人，能够以全部身心关心一个陌生人。

在各种领域里，爱只有倾注在某个事物上才是真实的爱；爱成为普遍的而又不失为真实的爱，仅仅由于相似性和转移的结果。

顺便说一下，对何为相似性和转移的认识——数学、各种自然科学和哲学为这种认识作了准备——与爱建立起直接关系。

今天在欧洲，也许在世界，比较宗教的知识几乎等于零。人们甚至没有对这种知识的可能性的概念。即使不存在对我们构成障碍的种种偏见，对这种知识的预感也是异常困难。在宗教生活的各种不同形式之间，存在某些隐藏的对等性，作为可见的相异部分的补偿，只有最锐利的分辨力才可能察觉出这些等同性。任何宗教都是内在真理和外露真理的巧妙结合；在某种宗教中是外在真理的东西，在另一种宗教中是内在的。内在的信仰真理有时会同外在的信仰真理具有同样的功效，有时甚至具有更多的功效。了解人们内心秘密的人，也是唯一了解信仰的各种不同形式的奥秘的人。不管人们说什么，这种奥秘并没有泄露。

当人们在某种并非异常不适于呼唤天主的名字的宗教中诞生，当人们以一种纯洁的、专注的爱热爱着本土宗教时，当同上帝直接的接触尚未使灵魂服从于神灵的旨意时，难以设想有正当理由抛弃这种宗教。超过这个限度，改变宗教就只是在出于服从的情况下才是正当的。历史证明，这种情况事实上很少发生。往往，也许总是这样，达到精神领域最高阶段的灵魂，在热爱作为它的阶梯的传统中得到了肯定。

如果本土宗教过于不完善，或者如果它以某种过分蜕化的形式出现在本土环境中，或是具体境遇不允许人们热爱这种宗教或扼杀人们对这种宗教的热爱，那么，接受外来宗教是正当的行为。这对于一部分人来说是正当的和必然的，当然并非对所有人都一样。对那些从小到大从未参加过任何宗教活动的人来讲也一样。

在其他情况下，改宗是一个非常严重的决定，鼓励他人改宗更为严重。在被征服的国土上，施加官方的压力迫使人们改宗，则是严重之极的事。

反之，尽管在欧洲和美洲之间，存在着宗教分歧，我们可以说，在法律上，不管是直接还是间接，无论从近处还是远处，天主教是所有白种人的精神家园。

宗教活动的功效，在于同完全纯净的东西接触，以摧毁恶的有效性。人间没有完全纯的东西，除了世界的整体美以外。对于这种美，我们在奔赴完善之前，是不可能直接深刻感知到的。虽然这种整体美在某种意义上是敏感的，但它并不包含在任何敏感的东西中。

宗教事务是人世间存在的特别敏感而又异常纯净的

事务。这并非由于宗教事务作为高尚事业而存在的那种方式。教堂可能是简陋的,圣歌也可能会唱走了调,神父可能受腐蚀,信徒们也可能是些心不在焉的人。从某种意义上讲,这毫无关系。如果一位几何学家为正确演示而画了一个图形,上面的线条扭曲,圆成了椭圆,这没什么关系。从法规、理论、假设、定义和习俗上说,宗教事务是纯净的。因此,它们的纯净是无条件的,任何污浊都不能伤害这种纯净。因此,它是完美的。但是,这种完美并非像罗兰的牝马那样,尽管它有各种美德,但是它并不存在。人类的习俗并没有效力,除非有某些推动人们去遵守习俗的动机附加在内。习俗本身是一些一般的抽象概念;它们是非现实的,不会起任何作用。根据习俗,宗教事务是纯净的,这习俗是上帝自己确定的。因此,这是一种有效的习俗:包含着功效的习俗,其自身能起某种作用的习俗。这种纯洁性是无条件的,完善的,同时又是现实的。

这是一种事实上的真理,因此,它不可能加以演示。它只可能作实验性的证明。

事实上,为信仰和爱两者俱全,宗教事务的纯净性在各方面几乎都以美的形式表现出来。因此,弥撒的语言娓娓动听;尤其是基督的祈祷,是完美无缺的。同样,罗马式的建筑,格里高利的单旋律圣歌是美妙无比的。

但是在核心本身,有某种无美可言的东西,在那里,没有任何东西使纯净性显示出来,这是某种纯属习俗的事。事必如此。建筑、圣歌、语言，甚至言词都由基督将它们汇聚在一起，一切都不是绝对纯洁的。绝对纯洁在我们凡夫俗子眼里是某种特殊的东西，这只可能是习俗之习俗，而非他物。这种位于核心地位的习俗，便是圣体圣事。

真正显灵的教义的荒谬性构成圣事的品德。除了食物的动人的象征意义外，在面包中，信仰上帝的思想不可能与任何东西有关系。因此，神灵显灵的习俗特性是显而易见的。基督只是由于习俗的缘故而可能在某物某事中显灵。上帝因此可能在其中显灵，只能秘密地在此世进行，因为我们思想的任何一部分都不可能接触到这种奥秘。因此，上帝的显灵是完全的。

对于并不存在的笔直的直线和完全的圆所作的推论在技术中已有实际应用，谁也不会对这一点感到惊讶。但是，这却是难以理解的。圣体圣事中神的显灵的事实更为美妙，但并不是更难理解。

在某种意义上，通过类比可以说：假定基督在圣餐中显灵和几何学家说的"一个三角形中有两个等角"的假设是一样的。

因为这所涉及的是习俗，唯有圣体圣事的形式是重要的，而不是做圣事的人的精神状态。

若这不是习俗，那至少是一件部分世俗的事，而并非完全是神的事。真正的习俗，是一种超自然的和谐，从毕达哥拉斯意义上说的和谐。

在尘世间，唯有习俗可能是纯净的完美，因为任何非习俗的纯净或多或少都是不完美的。习俗能成为实在的，这是神的仁慈之爱的奇迹。

佛教徒口中呼唤佛祖的名字具有同样含义，因为名字也是一种习俗。然而，我们的思想习惯于把事物同它们的名字混淆在一起，这使我们很容易忘却其含义。圣体圣事是更高层次上的习俗之事。

甚至基督肉身在人间显灵也非完美、纯净，因为他曾指责过称他善良的人，因为他曾说过："我离去，对你们有益。"因此，他在圣餐面包中更完全地显灵似乎是可能的。他的显灵越神秘，也就越完全。

但是，当大祭司派人抓住他，就像抓住一个惯犯的躯体时，在他的肉体中的显灵就更完全，因此也更秘密。然而，他被众人所抛弃了。他的显灵太充分了。这对人来说是无法忍受的。

圣体圣事的习俗或其他类似的东西对人是必不可少的；完美纯净的显灵对于人是必不可少的。因为，人只能对某种敏感之物集中全部的注意力。有时，人需要将注意力集中在完美的纯净性上。唯有这种行为通过转移能使人铲除自身存在的一部分恶。因此，圣餐面饼确实是消除罪恶的上帝的羔羊。

每个人都感觉到自身存在的恶：为此感到恐惧并想排除这种恶。在我们自身之外，我们看到两种不同形式的恶：苦难和罪过。但是，在我们对自己的感觉中，这种区别显现不出来，或者说只有抽象的通过反射的显现。我们感到在我们身上有某种东西，它既不是苦难，也不是罪过，但同时又兼为二者，它们有共同的根源，是两样东西的模糊的混合物，既是污浊又是痛苦。这是我们身上的恶。这是我们身上的丑。我们感觉到这种丑恶，它让我们感到恐怖。我们的灵魂就像呕吐那样唾弃它。灵魂通过转移的方式，将它移植到我们周围的事物上。但是，在我们看来变丑和被玷污的事物，又将我们移植于它们的恶推给我们。它们推回给我们的恶，数量更多。在交往中，我们身上的恶变得越来越多。这时，我们觉得我们所处的境地，我们生活在其中的环境，把我们禁锢在恶之中，而且一天比一天激烈。这是一种极令人不安的状态。当灵魂受到这种焦虑不安的侵扰而精疲力竭不再感到焦虑时，灵魂也就很少有希望得救了。

这就是病人憎恶自己的病房，犯人憎恶囚禁他的牢房，而更多的情况是工人憎恶自己工作的工厂。

处于这种状况的人们，向他们提供美好的东西全然无用。因为没有一样东西通过这种转移并随着时间的推移最终不被玷污直至使人感到恐怖的。

唯有完美的纯净能够不受玷污。如果在灵魂被恶侵袭之时注意力集中在某件完美纯净之物上，同时向它转移一部分恶，那么这事物并不会因此蜕化变质。它也不会将恶推回。这样，注意力集中的每分钟确实能铲除一些恶。

希伯来人想通过魔法在替罪羊的祭礼中所做的事情，在尘世间只能通过完美的纯净来进行。真正的替罪羊便是"上帝的羔羊"。

当尘世间出现完美纯洁之人的时候，汇聚在他四周的众多的恶便会自动地以苦难的形式集中在他身上。在罗马帝国时代，人所遭受的最大不幸和最大的罪恶就是沦为奴隶。因此，他所遭受的苦难就是受奴役的极度不幸。这种转移，神秘地构成赎罪。

同样，当人的目光和注意力集中在"上帝的羔羊"——圣餐面饼上时，人自身所存在的一部分恶就移植到完美的纯洁上，并且在那里被铲除。

与其说这是铲除，不如说是转移。同完美的纯净的接触，使苦难与罪过之间不可分解的混合分离。灵魂在这种接触的火焰中得到锻炼，灵魂中的一部分恶仅仅变成为苦难，一种浸染着爱的苦难。

同样，在罗马帝国时代，这种集中在基督身上的恶，在他身上仅仅变成苦难。

倘若在尘世间并无完美无限的纯净，倘若仅有在同恶的接触中，随着时间推移而耗尽的有限的纯净，那么，我们就永世不能得救。

刑事司法对这个真理提供了惊人的佐证。在原则上，这是一件纯净的事，其目的是追求善。但是，这是不完善的、有限的、人世间的纯洁性。因此，在同罪恶和不幸的混合体的不断接触中，这种纯净性消耗殆尽，取而代之的是一种同罪恶总体几乎等量的污浊,这种污浊远远超出个别罪犯身上的污浊。

人忽略了在纯净的源泉汲取养料。但是,如果这个泉源在罪恶和不幸之处不喷发的话,那么,创世便是一种残酷行为。倘若,在两千年以前的时代,在基督教不曾传播到的国度里,并无罪恶和不幸,我们可以认为教会拥有对基督和圣事的垄断权。如果人们想到在二十二个世纪以前基督尚未降生,任何形式的圣事都不为人知,那么怎么可能接受那时有一名奴隶在十字架上殉难的事实而不指责上帝呢?确实,人们很少想到二十二个世纪以前在十字架上殉难的奴隶。

当人们学会了用目光注视完美的纯净时,只有人的有限的生命阻止我们相信在尘世间能达到尽善尽美,除非出现不忠。因为,我们是有限的存在;我们身上的恶也是有限的。我们所看到的纯净是无限的。尽管目光每一次只能铲除很少一部分恶,可以肯定,如果不受时间限制,那么当我们经常重复这一动作时,有一天恶必将被除尽。用《薄伽梵-吉达》中的名言来说,那时我们将战胜恶。我们为"真理之主"铲除恶,正如埃及《亡灵书》所说,我们为主送去真理。

今日鲜为人知的基督教的重要教理之一是:目光是拯救之物。建起青铜蛇塑像,目的在于使堕落者、身遭不测的人看着它能得到拯救。

当人们处在最不利的境地时,觉得自己的灵魂不可能升华到从事圣事的高度，在这种时候，目光注视着完美的纯净最能见效。因为在这时，恶，或确切说碌碌无为，浮现在灵魂表层，处于同火焰接触被焚毁的最佳位置。

但是，注视的行为在此时几乎不可能。灵魂中平庸的那一部分对死亡的恐惧，比肉体临近死亡时更加强烈，这部分灵魂起来反抗，制造谎言以达到保护自己的目的。

不听这些谎言（尽管人们会情不自禁地去相信），努力注视纯净便成为某种异常激烈的事；然而，这又完全不同于人们一般称为努力、对自身施暴、意志的体现等行为。必须用另一些词来表达，但是语言中并无这类词。

灵魂自救所作出的努力类似于人们注视、聆听或未婚妻同意婚事时所作出的努力。这是一种注意和赞同的行为。相反，在语言中所说的意志，类似于某种肌肉紧缩。

意志属于灵魂中的自然部分。善于运用意志无疑是拯救的必要条件，但是这种条件又是遥远的、不充分的、极富依赖性的、纯粹消极的。农夫用力拔野草，但只有阳光和水才能使麦子生长。意志在灵魂中并不产生任何效益。

意志力只是尽自身的严格义务。凡是没有严格义务之处，应当遵循天生的爱好，即天赋，也就是上帝的旨意。天生的爱好产生的行为显然不是意志力。在顺从上帝的过程中，人是被动的；不管顺从上帝要付出怎样艰辛的代价,也不管表面的活动如何展开,在灵魂中都不会产生任何类似紧缩肌肉的效果;通过苦难和欢乐的方式,只有等待、集中注意力、寂静、静止。基督在十字架上受难是一切顺从上帝行为的楷模。

这种被动行为,是一切行为中最高层次的行为,在《薄伽梵-吉达》和《老子》中都有清楚的描写。在这些作品中,有对立面超自然的统一,以及从毕达哥拉斯意义上所说的和谐。

意志追求善的努力,是我们灵魂中平庸的部分,担心被摧毁而散发的谎言之一。这种努力对灵魂中的平庸,并不构成任何威胁,甚至不会影响它的安逸,即使这种努力要付出许多困苦的代价。因为我们灵魂中的平庸部分并不怕劳累和苦难,而是担心被毁灭。

一些人试图使自己的灵魂得到升华,就像缚上双脚不断向上跳的人,由于每天不断跳得越来越高,于是希望有一天会不再落下来而能升天。他专心致志地蹦跳,不可能仰望苍天。我们不可能向天上迈进一步。垂直方向是我们的禁区。但是,如果我们久久地凝视上天,上帝会下凡将我们带走。上帝很容易将我们带走。正如埃斯库罗斯[①]所说:"神圣的东西无需费力。"在灵魂的拯救中,有一种比一切努力更为艰难的易行性。

格林童话中有一篇故事讲一个巨人和矮裁缝之间的

---

① 埃斯库罗斯(Eschyle,约公元前525—前456):古希腊悲剧诗人。

较量。巨人向天上抛出一块石头,他抛得很高很高,过了很久才坠落地上。矮裁缝放出一只鸟,它却不会坠落。没有翅膀最终总会落在地上。

正因为意志无力拯救,因此无神论道德观念是一种荒谬的理论。因为人们称为道德的那种东西,只求助于意志,而且是从绷紧肌肉意义上所说的意志。相反,宗教同意互相沟通,正是愿意拯救灵魂。

被扭曲的罗马斯多亚主义,也求助于绷紧肌肉的意志。但是,真正的斯多亚主义,即希腊的斯多亚主义,圣·约翰——也许基督——从中借鉴了"逻各斯(Logos)"和"普纽玛(Pneuma)"①,这种斯多亚主义仅表示愿望、怜悯,它充满了屈辱。

当代的基督教在这方面及其他许多方面都受到它的对手的影响。寻找上帝的隐喻需要意志力。帕斯卡尔为创造这种隐喻做出了贡献,他也犯了一些错误,尤其在某种程度上混淆了信仰和自我启示。

在神话和民间故事中,在《福音书》的寓言故事中,是上帝寻找人。"你寻找我,厌倦了,你便坐下了。"《福音书》中,从头至尾都不存在人寻求上帝这种事。人如果不是被推动或受召唤就不向前迈一步。未婚妻的职责就是等待。奴隶等待着,熬夜守候着,主人则在欢庆作乐。在婚礼宴会上,路人不会不请自来,也不会希求得

---

① Logos,希腊文,意为治理统治世界的理智;pneuma,希腊文,意为气息。

到邀请；他几乎是出乎意外来到婚庆典礼；他的职责仅仅是穿着得体。在田地里找到一颗珍珠的人，卖掉全部财产后买进这块地；他无需用铁锹翻地把珍珠挖掘出来，他只要卖掉全部财产。渴求上帝，抛弃其余的一切，只有这样才能得到拯救。

拯救的行为不同于任何一种活动。希腊词 hupomene 表达这种行为，patientia（耐心）一词并不能很好地体现其意，它是等待，全神贯注、忠诚的静候，这种静候无限延续着，并不为任何冲击所动摇。守候在大门旁听到主人敲门声立即开门的奴隶，便是最好的形象。他必须准备死于饥饿和困乏而不可改变姿态。他的同伴叫他、同他说话、打他，他都不回头。甚至有人告诉他主人已死，即使他相信是真的，也不会动一动。倘若有人告诉他主人对他很恼怒，并要打他，即使他信以为真，也不会动一动。

积极的寻求不仅对爱有害，而且对智力有害，智力的规律类似爱的规律。只需等待某个几何习题的解答、某个拉丁文或希腊文句子的含义出现在头脑中。对某一个新的科学真理，对优美的诗句，更是如此。寻求会导致谬误，对各种真正的善来说概莫能助。人除了等待善和排除恶之外，不应当做其他事。人做出体力上的努力，仅仅是为了不被恶所动摇。在构成人类境况的曲折过程中，各种领域中的真正德行是否定性的事物，至少表面上如此。但是，等待善和真理，是比任何寻求更加紧迫的事。

对自愿的德行而言的恩惠,对精神或艺术劳动而言的灵感,如果被人们正确理解的话,这两种概念表达了等待和愿望的有效性。

宗教活动完全由受愿望推动的全神贯注所组成。因此任何道德都无法取代宗教活动。但是,灵魂中的平庸部分自身贮藏着许多谎言,这些谎言即使在做祷告或做圣事时也能保护自己。在目光和完美的纯净之间,它蒙上帷幔,并美其名曰这就是上帝。这些帷幔,便是精神状态,情感快乐的源泉,希望、慰藉、安抚或平息的源泉,或者是各种习惯,或者是一个或几个人,或者是某个社会阶层。

有一个难以躲避的陷阱,就是人们会竭力想像宗教要我们热爱的那个神的完美无缺。在任何情况下,我们都不可能想像到比我们自身更加完美的东西。这种努力想像,使圣体圣事的神奇功效化为乌有。

必须接受一定程度的智力训练,才可能在圣体圣事中只看到在定义上所包含的内容;即某种我们完全不知的东西,如柏拉图所说,我们仅仅知道"这是某物",而不希求任何其他东西,除非出于谬误。

陷阱中的陷阱,几乎无法避开的陷阱,是社会陷阱。无论何时何地,社会感情为人们提供一种对信仰的完美无缺的模仿,也就是完全骗人的仿效。这种模仿的最大好处是满足灵魂各部分的要求。灵魂中渴望获益的那部分获得养料。灵魂中平庸的部分也没有被光明伤害。这一部分悠然自得。这样，各方都满意，灵魂平静。但是，基督说过他并不是送来平静。他带来了利剑，正如埃斯库罗斯所说，一把所向披靡的利剑。

区分信仰和社会对信仰的模仿，几乎是不可能的。因为在灵魂中可能有一部分真正的信仰和一部分模仿信仰的东西。进行区分几乎不可能，但也不是完全不可能。

在目前情况下，拒绝社会对信仰的模仿对于信仰来说也许是生死攸关的问题。

为了清除污浊，完全纯净的显灵的必要性并不限于教会。人们将污浊带进了教会，这很好。但是，除此之外，基督前往充满污浊的可耻、贫苦、罪恶和不幸的地方，前往监狱、法庭、贫民窟，则更加符合基督精神。法院开庭和休庭时，法官、警察、被告和听众都应当一起做祷告。凡是人们工作或学习之处，基督都应当在场。所有的人，不管从事什么工作，也不管身处何地，每天都应当注视青铜蛇塑像。

但也必须公开、正式承认，宗教并不是它物，它仅存在于目光中。一旦宗教欲成为其他，它就不可避免地被封闭在教会里，或在它所处的其他地方窒息一切。宗教在社会中除了占有适合于灵魂中的超自然爱的位置之外不应当企图占有其他位置。但是，确实有许多人使仁爱在他们身上贬值，原因是他们要让仁爱在自己灵魂里占一席过于重要、过于显眼的位置。我们的天父秘密地存在。没有羞涩之心就没有爱。真正的信仰蕴含着高度的审慎，即使是针对自身。它是存在于上帝和我们之间的一种秘密，对此，我们几乎一无所知。

爱他人，爱世界之美，爱宗教，在某种意义上说是完全非个性的爱。爱宗教很容易不属于这类爱，因为宗教同社会环境有关。宗教活动本身应对此进行补救。在天主教的中心有一个无形的物质，一些面包。对这小部分物质的爱必然是无个性的：既不是我们所想像的基督这个人，也不是我们荒谬想像中的天父这个神，正是这块物质处于天主教的中心地位。这是天主教中最遭人诽谤的，但天主教最妙不可言的美德也在于此。在宗教生活的各种真正形式中，同样有某种东西保障宗教的无个性的特性。只要同上帝没有直接、个人的接触，爱上帝就应当是无个性的；否则，那就是想像出来的爱。然后，这种爱应当同时是个性的和在更高意义上所说的无个性的爱。

## 友 情

有一种具有个性的人类之爱，它是纯洁的，并包含着神圣的爱的预感和反映。这就是友情，它应从这个词的严格的本义上去理解。

对某人的偏爱完全不同于仁爱。仁爱是一视同仁的。倘若仁爱偏向于某方，那么，不幸的偶然性就是唯一的原因，正是这种不幸引起互相之间的同情和恩爱。仁爱对所有的人都一视同仁，只有不幸能在所有的人之间引起这种相互的同情和恩爱。

个人对某人的偏爱可能具有两种性质：或者在他人身上寻求某种好处，或者需要这个人。一般说来，各种可能的依恋分别属于这两种类型。人们之所以倾向于某物，或者因为在其中寻求好处，或者因为不能缺少它。有时，两种动机同时起作用。但经常不是这样。这两种动机在其自身是有区别的，而且各自完全独立。倘若经常没有其他东西可吃，人们就会吃变质食物，因为别无选择。一个并不贪食的人寻求美味佳肴，但他很容易就放弃享用美食。倘若没有空气，人会窒息；人会挣扎寻找空气，不是因为等待某种益处，而是因为人们需要空气。人们去海边呼吸新鲜空气，并非出于某种必需，而是因为这是一种乐趣。随着时间流逝，第二种动机往往会自动继承第一种动机。有人抽鸦片，因为这使他进入一种他认为是超脱的特殊状态；随后，鸦片使之进入痛苦境地，他觉得每况愈下；但他再也离不开鸦片了。阿诺夫花钱将阿涅斯①从她养母那里买来，因为他认为家里养一个小女孩是件好事，将来可以使她成为一个规矩的妻子。后来，她却给他带来了极大的痛苦和耻辱。但是，随着时光推移，他对阿涅斯的爱恋已成为一种生命攸关

---

① 莫里哀《妇人学堂》中的人物。阿诺夫将阿涅斯收养在家，不让她同任何男人接触，后来阿涅斯却爱上了奥拉斯。

的大事，他居然说出了这样的惊人之语：

"我觉得我必死无疑……"

阿巴贡起先把黄金看作财富。后来，黄金对他来说成为一种使他心神不宁、日夜操心之物，失去黄金就意味着让他送命。正如柏拉图所说，从本质上讲，必需之物和财富之间，存在着巨大差异。

从某人那里寻求好处同希望某人得到好处之间，并无任何矛盾。鉴于此，当接近某人的动机仅仅是寻求某种好处时，那就并不具备友情的条件。友情是一种超自然的和谐，是对立的结合。

当一个人处在某个必需阶段时，不可能希望他得到好处，除非人们不再追求自己的好处。哪里有必需性，哪里就有强制和统治。除了所需之物的主人，人们都要受自己所需之物的支配。对每一个人来说，最重要的财富是自由地支配自己。人们或者放弃这种自由支配自己的权利，而这样做就构成崇拜偶像之罪，因为人们只有在崇拜上帝的情况下才有权放弃这种权利；或者人们希望自己所需之人的这种权利被剥夺。

一切机械论都能够在人与人之间建起感情的纽带，这种纽带具有必需性的铁一般的坚实。母爱往往具有这种性质；有时父爱也如此，比如巴尔扎克的《高老头》中的情景；最激烈形式下表现出来肉欲，如《妇人学堂》和《费德尔》；由习惯而形成的极常见的夫妻之间的恩爱；较少见的是忠孝和兄弟间的爱。

在必需性中有不同程度之别。一切引起生命力减弱的东西，在某种程度上讲都是必要的，这里所说的生命力是从这个词可能具有的准确和严格的意义上讲的，如果说我们对生命现象的研究与对身体健康状况的研究同样深入的话。剥夺极其必需之物，就会造成死亡。当一个人的全部生命力同另一个人休戚相关时，就是这种情况。剥夺次要程度上的必需物，或多或少会引起严重的削弱。因此，完全剥夺而不是部分剥夺一个人的食物会引起死亡。部分剥夺只会削弱一个人的身体。因而，达不到某种限量的食物，就会削弱身体，人们把这个限量称为必需品。

情感纽带中的必需性的最常见的因素是同情和习惯的某种结合。正如吝啬或堕落等类情况，起初是寻求某种好处，但随着时光流逝，就转化为一种需要。但是，同吝啬、堕落和一切邪恶的不同之处在于：在情感的纽带中，寻求某种好处和需要，这两种动机能够和谐共存；它们也能分开。当一个人对另一个人的依恋仅仅出于需要时，那是很残酷的。世上很少有如此丑恶和可怖的事情。每当一个人在寻求好处而得到的仅仅是必需物时，总是很恐怖的。在一些故事书中，一个亲爱者长着一颗骷髅头突然出现在眼前，就是活灵活现的形象。确实，人类灵魂拥有一大堆谎言以对付这种丑恶，并在仅有必需物上面给自己臆想出某些虚假的好处。由此，可以说丑恶是一种恶，因为它迫使人撒谎。

一般来说，每当必需性——不管以何种形式表现出来——如此强烈地让人感受到它的强烈度超出了经受冲击者的撒谎能力时，必定会出现不幸。因此，最纯净的人也最容易遭到不幸。那种自我保护的自动反应会在灵魂中增强撒谎的能力，对于有可能阻止这自动反应的人来说，不幸并非是恶，尽管它始终是一种创伤，并在某种意义上来说是一种衰落。

当一个人通过包含某种程度必需性的情感纽带同另一个人紧密相连时，这个人不可能希望同时在自身和他人身上保持自主性；根据自然的机缘他也不可能做到这一点。但是，通过超自然的奇迹的干预，则有可能实现。这个奇迹就是友情。

毕达哥拉斯派认为："友情是一种由和谐构成的平等。"和谐是因为在必然性和自由这两个对立物之间有一种超自然的统一，这两个对立物是上帝在创造世界和人类时，将它们结合在一起的。有平等，则是因为人们渴望保持自身和他人的自由意愿的能力。

当有人愿意从属于他人，或者同意从属于他人时，并无友情可言。拉辛悲剧中，帕拉德并不是俄瑞斯忒斯的朋友。在不平等的关系中无友情而言。

某种相互性对友情来说是具有根本意义的。如果双方之中有一方完全缺乏善意，那么另一方出于尊重，他不应试图伤害自由意愿而消除自身的情感。如果双方之中有一方不尊重另一方的自主性，那么，另一方出于自尊，应当断绝双方关系。同样，自愿卑躬屈膝者不可能获得友情。但是，包含在情感纽带中的必需性可能仅仅存在于某一方，在这种情况下，友情只是单方面的，如果我们从这个词极准确和严格的意义上说的话。

一旦必需性哪怕在一瞬间压倒了双方都保持自由意愿的愿望，友情就遭到玷污。在人间一切事物中，必需性是不纯洁的原则。在友情中，哪怕有一丝讨好对方或相反的愿望，友情都是不纯洁的。在完美的友情中，这两种愿望都不存在。两个朋友完全接受作为两人而不是一人的存在，他们尊重作为两个不同的人而存在于他们之间的距离。人有权利欲求直接与之结合的，唯有上帝。

友情是一种奇迹，由于这种奇迹，人同意保持一定距离，注视另一个对于他来说像食物一样必需的人。夏娃所缺少的正是这种精神力量；然而，她并不需要果子。如果她在看着果子时感到饥饿，如果她尽管饥肠辘辘但还是茫然地望着果子而不向前迈出一步，那她就会得到与完美的友情类似的奇迹。

从尊重人的自主性这种超自然的德行来看，友情类似由不幸引起的同情和感激的纯净形式。在这两种情况下，对立物，即和谐的两方面，是必然性和自由，或者可说是从属与平等。这两对对立物是等同的。

鉴于纯净的友情里并无讨人欢心或相反的愿望，因而在友情里有某种与情感并存的类似漠然的东西。友情是联系两人的纽带，它具有某种无个性的因素，它并不会损害公正性，它丝毫也不阻止人们仿效天父的完美无缺——天父把阳光和雨露普洒人间。相反，友情和这种仿效是互为条件的，至少，在很多情况下如此。因为每个人，或是说差不多所有人，是通过包含着某种程度的必需性的情感纽带与他人联系，只有把这种情感变为友情，人才可能接近完美的境地。友情含有某种普遍性的东西。友情在于爱一个人就像人们要爱人类中的每一个人那样。正像几何学家研究某个个别的图形以便推断出三角形的普遍特性那样，爱人的人将普遍的爱移植在某个个别人身上。自愿保持自身的和他人的自主性，从本质上来讲是某种具有普遍意义的东西。当人们要在不止一人身上保持自主性时，也就想在所有的人身上保持自主性；因为人们不再使世界秩序环绕尘世这个中心。人们把中心移到九重天之上。

如果两个不正当使用情感而相爱的人，以为能结合为一体，友情就失去了这种功德。同样，也就没有真正意义上的友情可言。这可以说是一种淫乱的结合，即使这种结合发生在夫妇之间。只有在两人之间的距离得到尊重和保持的地方才会有友情存在。

喜欢想像在某一点上自己的想法同所爱者一样，或是渴望这种看法上的一致，这本身就损害了友情的纯洁，同时损害了智慧的诚实性。这种情况经常可见。同样，纯洁的友情是稀少的。

当人与人之间的情感和必需性的纽带并没有超自然

地改变为友情时,这种情感不仅是不纯净的和低级的,而且还混杂着憎恨和厌弃。在《妇人学堂》和《费德尔》中体现得很清楚。在肉体的爱及其他的情感中,机缘始终是相同的。这很容易理解。我们讨厌我们所依附之物。我们厌恶依附于我们之物。有时,情感完全转变为憎恨和厌恶。有时,这种转化几乎是即刻发生的,以至于几乎任何情感都来不及表现出来;当必需性被揭露时,就是这种情况。当把人与人联结在一起的必需性不是情感型时,当这种必需性只取决于境况时,敌对性往往从一开始就会出现。

当基督对他的门徒们说"你们相爱吧",他并不是嘱咐他们要爱恋。因为,事实上,在他们之间存在着由共同的思想、共同的生活习惯所缔结起来的纽带,基督要他们把这些纽带转变为友谊,以免这些纽带蜕化为不纯洁的爱恋或憎恨。

基督临死前说的这句话是对爱他人、爱上帝训诫的新补充,我们可以设想,正像以仁爱待人一样,纯洁的友情包含着某种类似圣事的东西。基督说:"无论在哪里,有两三个人奉我的名聚会,那里就有我在他们中间。"他说这些话时也许是想指明同基督教的友情有关的东西。纯洁的友情是原初和完美的形象,即三位一体的形象,也就是上帝的本质所在。两人合二为一是不可能的,如果上帝并没有在他们之中每个人身上显灵,他们就应当严格保持他们之间的距离。两条平行线的相交之点在无限处。

## 内在的爱和外露的爱

即使是思想最狭隘的天主教也不敢称，同情、感激、爱世界之美、热爱宗教活动、友情由教会曾经在场的时代和国家所垄断。这些纯洁的爱是稀有的，但是，我们甚至很难声称在那些时代和那些国家里，这些爱比在其他时代和其他国家更为常见。认为这些爱可能出现在基督不在场之处，就等于贬低基督到近于污辱的地步；这是大逆不道，也可说是亵渎神灵。

这些爱是超自然的。在某种意义上，这些爱是荒谬的。这些爱是疯狂的。只要灵魂不曾与上帝本人有直接接触，这些爱就不可能建立在任何以经验或推论为依据的知识基础上。它们不可能以任何信念为依据，除非从隐喻的意义上，用这个词来表示犹豫的反面。因此，这些爱不伴随任何的信仰更为合适。从精神上来说，这更为诚实，这更好地维护了爱的纯洁性。从各方面来看，这更为合适。有关神圣的事，信仰不合适，信念才合适。所有一切低于信念的东西是有愧于上帝的。

在准备期间，这些间接的爱构成了灵魂的上升运动，即努力向上遥望的目光。当上帝亲自降临，不仅视察灵魂——正如他长期所作的那样——而且还占有灵魂，将灵魂的中心带到他身边之后，情况就不一样了。雏鸡啄破蛋壳,钻出世界这只蛋。这些原初的爱存在着,它们比以前更加强烈,但是它们已是另一些爱。经受过这种遭遇的人比以往更爱不幸者,爱那些在他不幸时帮助过他的人,爱友人,爱宗教活动,爱世界之美。但是这些爱已变成一种下降的运动,像上帝降临的运动一样,变成融在上帝光辉中的一束光。至少,我们可以作这样的设想。

这些间接的爱仅仅是追求善的灵魂对待世间的人和物的态度。这些爱本身并不以善为目标。尘世间无善。因此,这并不是确切意义上所说的爱。这是一些爱的姿态。

在准备阶段,灵魂无目的地爱着。它不知道是否有某种现实的东西会响应它的爱。它可能以为自己知道这一点。但是以为并不是知道。这样一种信仰无济于事。灵魂仅仅确切知道自己饿了。要紧的是,它高声呼叫自己饿了。倘若人们告诉孩子面包也许没有了,孩子就不停地喊饿。他总是会喊饿。

危险不在于灵魂怀疑是否有面包,而是灵魂听了谎言确信自己并不饥饿。它只能通过谎言使自己确信这一点,因为饥饿这个事实并不是一种信仰,这是一种确实性。

我们都知道尘世间并无善,一切在尘世间呈现为善的东西都是有终结、有限、会耗尽的,而一旦消耗而尽,必需性就会暴露无遗。每个人在一生中,似乎都有些时候从内心明白尘世间并无善。可是，当人们看到这个事实时，马上用谎言来掩饰它。有许多人甚至乐于公开宣扬这个事实，同时在忧郁中寻找某种病态的乐趣，这些人从来未能正视这个事实。人们感到若正视这个事实立即就会遭到杀身之祸。这是真的。这种认识比利剑还可怕；它会使人死亡，这种死亡比肉体消亡更让人感到可怕。随着时间推移，它在我们身上消除了一切被称之为"我"的东西。要坚持这种认识，必须热爱真理胜过热爱生命。用柏拉图的话来说，能做到这一点的人避开同灵魂一起消亡的东西。

他们并没有面向上帝。在茫茫黑暗中，他们怎能做到呢？上帝本人给他们指出了适当的方向。然而，上帝并没有很快在他们面前显灵。他们必须静静地待在原地，目不斜视，专心聆听，等待着他们自己也不明白的东西，对一切关心问候和威胁之语充耳不闻，对任何冲击毫不动摇。经过对上帝的长时间的等待，人们模糊预感到他的光芒，或者亲自显灵，这只不过是一瞬间的事。之后，又必须静候，专心致志地等待，一动也不动，只有在愿望过于强烈时才呼叫。

倘若上帝没有披露他的实在性，那么灵魂无法相信上帝的实在。或许灵魂会把上帝的名字当作标签贴在他物上，这就是崇拜的含义；或许对上帝的信仰仍然是抽象的和停留在言词上的。在对宗教教义不曾产生过怀疑的国家和时代里，正是这样。非信仰状态正是圣·约翰称为黑夜的东西。信仰是口头上的，它并没有深入灵魂。在我们所处的时代里，如果不信神者热爱上帝，如果他像不知在某处有面包因而喊着饥饿的孩子，那么不信神可能就是圣·约翰称为茫茫黑夜的等同物。

吃着面包，甚至吃完面包之后，人们才知道面包是真实的。然而，人们有可能对面包的实在性提出怀疑。哲学家们对可感知的世界的实在性表示怀疑。但是，这是一种纯粹的言辞上的怀疑，并不影响到信念。对于一个已有既定方向的人来说，这种怀疑使信念变得更为明朗确切。同样，一对于上帝已经向他披露自己的实在性的人来说，他可以对这种实在性表示怀疑而无任何不妥之处。这是一种纯粹言词上的怀疑，一种有益于智力的活动。怀疑上帝是唯一值得热爱的事物，转移目光，这是一种背叛的罪过，在这种实在性披露之前是如此，在披露之后更是如此。爱是灵魂的目光。这就是瞬间停滞、等待和聆听。

厄勒克特拉并不寻找俄瑞斯忒斯，她等着他。当她认为他已不复存在，在世上任何地方已无俄瑞斯忒斯的痕迹时，她便不再接近他周围的人。她怀着厌恶的情绪避开这些人。她宁愿见不到俄瑞斯忒斯也不愿他人在场。俄瑞斯忒斯要将她从奴役、饥饿、苦役、鞭笞、凌辱中解救出来。她不再希望得到解救。然而她丝毫不想采用另一种手段，这种手段能为她带来体面而奢华的生活——即同权贵们重新和解。如果不是俄瑞斯忒斯为她带来富裕的生活和显赫的地位，她便不想得到它们。她甚至连想也不想这一切。她所渴望的一切，就是自从俄瑞斯忒斯不存在之时起，她也不复存在。

这时，俄瑞斯忒斯再也忍耐不住了。他不能阻止自己报出姓名。他提供确凿证据说明他就是俄瑞斯忒斯。厄勒克特拉注视着他，听着他，触摸他。她不再自问她的拯救者是否存在。

经历过厄勒克特拉遭遇的人，就是以灵魂自身看过、听过并触摸过俄瑞斯忒斯的人，这样的人在上帝身上认出了这些曾如映像的实在的间接之爱。上帝是纯粹的美。这正是难以理解的事，因为从本质上讲，美是可感知的。对思想严谨的人来说，谈论不可感知的美，似乎是滥用语言，这是有道理的，美始终是一种奇迹。但是，当灵魂接受一种不可感知的美的印象时，如果这里说的不是一种抽象化的而是一种真实的、直接的印象，犹如歌声响起时所造成的印象的话，那就会有次等的奇迹。这一切就好像由于奇迹的作用，感知已成为显而易见的事：沉默并非无声，而是远比声音更加真实的东西，并且是比各种声音组合所可能具有的最优美的谐音更加完美的和谐之所在。在沉默中，有各种不同的层次。在世界之美中有一种宁静的、相对上帝的沉默而言的噪音。

上帝同样是真正的他人。个性这个词只适用于上帝，非个性这个词也同样。上帝向我们俯身，我们这些不幸的人只剩下毫无生气的淌着血的肉体。可是，他同时在某种程度也是仅以不动的躯体呈现在我们面前的不幸者,在这个不动的躯体中,似乎没有任何思想,也无人知晓这个不幸者的地位和姓名。不动的躯体就是这个被创造出来的天地。上帝赐予我们的爱是感激也是同情的神圣的典范,倘若我们能够得到这种爱,它将成为我们的至善至美。

上帝也是一位无与伦比的挚友。为了在他与我们之间,越过无际的间隔建立某种平等之类的东西,他要在他的造物身上安放绝对,即同意或者不同意他为我们确定的奔向他的方向的绝对自由。只要我们不知道如何正确使用上帝这个词,上帝就扩大我们制造谎言和犯错误的可能性,直至让我们错误地想像统治世界和人类甚至统治上帝本人的能力。上帝给予我们这种无穷幻想的能力,目的在于使我们出于爱而有能力放弃它。

总之,同上帝的接触是真正的圣事。

但是,我们几乎可以确信,若爱上帝使一些人失去尘世间各种纯洁的爱,那这些人就是上帝虚伪的朋友。

他人,友人,宗教礼仪,世界之美,在灵魂和上帝直接接触之后不会落到非真实之物的行列。相反,只有在这时,这些事物才会成为真实的。在这之前,它们都是半幻想之物。在这之前,没有任何实在之物。

## 四、关于主祷文

"我们在天上的父。"

这就是我们的天父;我们身上没有任何真实的东西不来自于他。我们属于他。他爱我们,因为他自爱,因为我们属于他。但是,天父在天上,而不是在别处。倘若我们以为在尘世间有天父,那就不是他,那是假的上帝。我们不可能向他迈出一步。人无法向上行走。我们只能用目光仰视着他。无需寻找天父,只要改变视线即可。寻找我们的是他。得知天父不会受到我们的伤害,应当为此而感到幸运。因此我们确信,我们身上的恶即使吞没了我们整个存在,也丝毫不会玷污神灵的圣洁、福乐和善美。

"愿人都尊你的名为圣。"

唯有上帝才有权说出自己的名。上帝的名不能从凡人嘴里说出。他的名就是他的言语,也就是圣言。某一个人的姓名是人的知性和这个人之间的中介,是当这个人不在场时人知性理解他的某些方面的唯一途径。上帝并不在场;他在天上。他的名是人接近他的唯一可能性。

这就是中介。人能接近这个名,尽管它是超越的。这个名在世界之美和秩序中闪耀,在人的灵魂的内在中发光。这个名是圣神本身;在这个名以外并无神圣;因此,它无需加以神圣化。我们要求神圣化,就是要求同完全的实在性永远共存的东西,而我们无权对这种完全的实在性增添或削减一丝一毫。要求存在之物,要求确实、无差错、永久地以完全独立于我们要求的存在之物,这就是完美无缺的要求。我们不可能阻止自己渴望;我们就是渴望;但是,这种渴望将我们束缚在想像物、时间和自我上,如果我们把它全部融进这种要求,就能把它变成一种杠杆,使我们从想像中摆脱出来进入真实,从时间中摆脱出来进入永恒,并使我们摆脱自我的牢笼。

"愿你的国降临。"

现在所谈的是某种应该来到的东西,然而它却没有来到。上帝的主宰,就是充实聪慧的创造物的整个灵魂的圣灵。圣灵飘忽在它欲往之处。人们只能呼唤它。甚至不应当以某种特殊的方式设想呼唤圣灵降临自身,或降临某些人,或降临所有的人,而是仅仅呼唤它;想到圣灵就是呼唤和喊叫。正像当人们渴不可忍,因渴而病倒时,想像不出自身喝水的动作,甚至想像不出一般的喝水的动作。人们所想像到的仅仅是水,是水本身,但是,这种水的形象就像以全部身心发出的呼喊。

"愿你的旨意成就。"

我们只有面对过去才能绝对无疑地确信上帝的意志。一切已经发生的事情，不管是什么，都符合至高无上的天父的意志。这一点包含在至高无上这个概念之中。未来也一样，不管未来是什么样，一旦它得以实现，那它必将符合上帝的意愿。我们不可能对这种同一性作任何增添或削减。因此，在渴望可能之物的激情之后，我们又重新希求存在之物。但是，这并非像圣言的神圣那样的永恒实在。我们希求的对象是目前正发生的。我们希求的是神灵意志支配下目前发生的事情的永久和无差错的同一。通过最初的希求，我们使渴望摆脱了时间而同永恒结合在一起，经过这番变化，我们重新拥有在某种程度上自身已成为永恒的渴望，使它再次同时间结合起来。这样，我们的渴望穿过时间找到了永恒。这就是当我们善于将一切已完结的事情——不管什么事情——变成为渴望的对象时所发生的一切。这同听天由命完全不同。"承纳"这个词也分量太轻。应当渴望一切已经发生的事情发生，而非其他事情。这并不是因为已经发生的事情看上去顺眼，而是因为上帝准许它发生。事情的过程听命于上帝，这本身就是绝对的善。

"行在地上如同行在天上。"

我们的渴望同上帝至高无上的意识的结合应当扩展到精神领域。我们精神的升华和衰落以及我们所爱者的精神升华和衰落都同另一个世界有联系,但是,它们同样是尘世间所发生的事情。因此,在随着上帝的意志而起伏的由无数事情构成的汪洋大海里,这是一些局部枝节。由于我们的过去已经衰落,我们的愿望应当是它们已经发生。我们应当将这种愿望扩展到未来,直至它成为过去的愿望。这是对希求上帝的主宰来临所作的必要修正。我们应当为永生的愿望而抛弃一切愿望,然而,我们应当以弃绝的精神渴望永生。不应当热衷于脱离尘世。迷恋于灵魂的解脱,比其他一切都更危险。应该像人们口渴难忍时想到水那样想着永生,同时应当为自己、为亲爱者渴望永久缺水,而不是不顾上帝意志而畅饮,如果这样的事可以设想的话。

前面三项希求,同三位一体中的圣子、圣灵和圣父三者有关,也与时间的现在、将来和过去三部分有关。下面的三项希求更直接地,在另一种次序中关系到时间的现在、过去、将来三部分。

"我们日用的饮食,今日赐给我们。"

基督就是我们的面包。我们只为现在而要得到它。因为,它就在那里,在我们灵魂的入口,它想进来,但却不会强制灵魂接受。若我们同意它进来,他便进来;一旦我们不再愿意它待在那里,它就离去。我们不可能在今天束缚我们未来的意志,也不可能在今天同它达成协议，要它在明天不管我们意愿它如何降临于我们。我们同意它在场与它的在场是同样一回事。意愿是一种行为，它只能是现时的。我们不可能产生适用于未来的意志。在我们的意志中一切无效的东西都是臆想出来的。我们意志中的有效部分是立即生效的。意志的有效性同意志并没有明显区别。意志的有效部分并不是向着未来所做的努力。这是意愿，是同意结合。同意二字是为了此时此刻，而在此时此刻发出，但是，这两字又像是永恒的话语，因为，这就是同意基督和我们灵魂中的永恒部分的结合。

我们需要面包。我们是不断从外界汲取能量的人，因为随着我们获取能量，我们又在所做的努力中消耗能量。若我们的能量不能每天更新，我们就无力，也不可能从事任何活动。除了从字面确切意义上所说的营养之外，对我们来说，一切强身的物质都是能量的源泉。金钱、提升、荣誉、嘉奖、声望、权力、亲人，所有一切使我们有能力行动的东西，都像面包一样必需。若这些心爱之物深深渗入我们体内，直至我们肉体存在的根基上，那么剥夺这些心爱之物就可能摧毁我们，甚至使我们丧生。这就是为忧郁而死。就像人们死于饥饿。一切心爱之物连同确切意义上的食粮构成了人间的面包。给予我们这份面包或是拒绝给予，完全取决于境况。对于境况，我们不应希求任何东西，除非是境况符合上帝的意志。我们不应希求人世间的面包。

人世间的面包是一种超越的能量，它的源泉在天上，当我们渴望它时，它就自天上向我们流下。这真正是一种能量；它通过我们的灵魂和我们的躯体进行活动。

我们应当要求得到这种食粮。我们要求食粮，并通过要求食粮这个事实本身，我们得知上帝要把它给予我们。一天没有面包，我们就难以忍受。因为，当人世间的能量——它服从于尘世的必需性——是唯一向我们提供行动的食粮时，我们只可能从恶思恶。"上帝看到尘世间的人的恶行日渐增多，而且出自人内心的思想产物往往是丑恶的。"迫使我们从恶的必需性主宰着我们的一切，除了来自上天的进入我们体内的能量之外。我们不能把这种必需性变成食物。

"免我们的债，如同我们免了人的债。"

说这番话时，应当已经赦免了所有的债务。这不仅是对我们认为所受到的冒犯的补偿，也是对我们认为所作的善行的感谢，一般来讲，也是我们对人和事所期望的一切，是我们认为应得的一切，是缺少了它我们就会觉得自己被诈骗了的东西。我们认为过去赋予我们对未来的全部权利。首先是对某种持续性的权利。当我们长期享有某物时，我们就认为它是属于我们的，认为命运决定让我们继续享用该物。其次是对每种努力的报偿，不管这种努力的性质是什么，是劳作、苦难或欲望。每当我们做出某种努力，而这种努力的等量物并没有以可见的成果作为回报时,我们就有一种失衡的感觉、空虚的感觉,我们觉得自己被盗了似的。当遭人冒犯时,我们就会期待对冒犯者进行惩罚或者冒犯者请求原谅;当我们行善时,就会期待受益者的感谢;但是这仅仅是我们灵魂的普遍规律中的个别情况。每当我们付出某种代价时,我们必定需要至少的等量物作为回报,因为我们需要它,我们认为有这种权利。我们的债务人就是所有人和所有的事,是整个世界。我们认为对一切事物都拥有债权。在我们认为拥有的一切债权中,总是涉及一种过去对于未来的想像中的债权。这种债权,必须放弃。

赦免了我们的债务人,就是整个地放弃了过去。这就是同意未来仍然是洁白无瑕的,并且通过我们所不知的纽带同过去紧密相连,但它又完全不受我们的想像欲强加给它的纽带的束缚。这就是接受可能发生的任何事情,尤其是我们可能遇到的任何事情,接受明天有可能使我们整个过去的生活变为一种无成果的和徒劳的事情。

如果把过去的成果一概抛弃,我们就能请求上帝使我们过去的罪恶不在我们的灵魂中结出罪恶和谬误的可悲果实。只要我们仍牢牢把住过去不放,上帝本人也不可能阻止这种可怕的成果出现在我们身上。我们不可能依恋着过去而不依恋我们的罪恶,因为我们身上最根本的邪恶之处并不为我们所知。

我们认为对世界的主要债权,是我们的个我的延续。这个债权包含着其他一切债权。保持的本能使我们感到这种延续像一种必需性，而我们认为必需性是一种权利。正像一个乞丐对泰勒朗说："主教大人，我得活下去。"泰勒朗答道："我看不出这种必要性。"我们的个我完全依赖外界的境遇，外界的境遇有无限的权力摧垮个我。可是，我们宁死而不愿承认这一点。对于我们来说，世界的平衡是如此的境遇流程，以致我们的个我得以保持不受伤害并且似乎是属于我们的。我们觉得一切曾经伤害过我们的个我的过去的境遇是平衡的破裂，迟早有一天，这种平衡的破裂必将会得到具有相反意义的现象的补偿。我们期待着这种补偿。临终是可怕的，因为我们这时明白这种补偿是不会有的。

赦免债务，就是放弃自己的个我，放弃一切称之为"我"的东西。概莫能外。就是得知在一切称之为"我"的东西中，没有任何东西，任何心理因素都是外界境遇所不能够摧毁的。接受这一切。安于这样的状况。

"愿你的旨意成就"，如果人们以自己全部身心说出这句话，那么它就包含着这个意思在内。因此，人们在以后某个时候可以说："我们赦免了我们的债务人。"

赦免债务，就是精神的贫困、精神的空无，是死亡。若我们完全接受死亡，我们就能要求上帝让我们清除我们身上的恶，重新再活一次。因为，要求上帝赦免我们的债务，就是要求上帝铲除我们身上的恶。宽恕即净化。顽固地滞留在我们身上的恶，即使是上帝也无权宽恕它。当上帝使我们进入完善境地之时，他已经赦免了我们的债务。

至今为止，如果我们赦免我们的债务人的话，上帝一直在部分地赦免我们的债务。

"不叫我们遇见试探，救我们脱离凶恶。"

对于人来说，唯一的考验是任凭其同恶接触。人的虚无于是在经验上得到了验证。尽管当灵魂要求面包时得到了超自然的面包，灵魂的喜悦中掺杂着忧心，因为灵魂只能为现时要求面包。未来依然令人生畏。灵魂无权为未来要求面包，但是，灵魂的忧心是通过祈求的形式表现出来的。它由此而告终。祈祷的第一句话是"主"，结束语是"恶"。应当从信念进到忧心。唯有信念才给人以足够的力量使忧心不至于成为坠落的起因。灵魂在瞻仰了上帝的名、上帝的国和上帝的意志之后，在得到了超自然的面包并清除了恶之后，准备接受位于一切品德之首的真正的屈辱。屈辱在于得知在这个世上，整个灵魂——不仅指人们称之为"我"的东西，而且指灵魂的超自然部分，即上帝在灵魂中的显灵——服从于变化的时间和崎岖曲折。必须绝对接受这样的可能性，即一切自然之物都会被摧毁。但是，必须同时接受和排斥这种可能性，即灵魂的超自然部分会消失。必须接受这种可能性，把它当作某种只按上帝意志而发生的事件。必须把这种可能性当作某种可怕的事情加以排斥。应当为此而感到担心，但是，这种担心应当是信心的终点。

六种要求，每两种互为答复。超越的面包同神之名是同一回事，这就是制造人同上帝的接触。上帝的主宰同他保护我们免遭恶是同一回事；保护是一种庄严的职责。赦免债务人的债务同完全听命于上帝的意志是一回事。不同之处是在前面三个要求中，注意力仅仅转向上帝。在后面三个要求中，人们把注意力集中在自身，目的在于迫使自己把这些要求变为一种真实的行为而非想像之物。

在祈祷的第一部分，是以接受上帝意志为起始。接着，祈祷者默默自许表达某种愿望。接着，又对自己的愿望作些修正，再次表示接受上帝的意志。祷告的第二部分中，次序发生了变化；祷告以表示愿望而告终。这是因为愿望已成为消极的，它表现为忧心一类的东西；因此，它同遭受最高程度的屈辱相联系，以此来结束祷告。

这样的祈祷中包含了一切可能的要求；想像不出来还有什么祈祷没有包括在内。这种祈祷属于祈祷，正像基督属于人类一样。若无灵魂中也许是极微小的但却是实在的变化，就不可能在祷告时在每一个词上集中全部注意力。

## 五、挪亚的三个儿子和地中海文明史

有关挪亚和他的儿子们的传说对地中海文明史作了极好的阐明。应当把希伯来人出于仇恨而添加上的东西从传说中剔除出去。希伯来人的阐述与传说本身无关，这是显而易见的，因为他们把错误归咎于含①，并用恶言诅咒他的儿子迦南。希伯来人在约书亚②率领下来到迦南地时，他们自鸣得意，认为已经全部扫平了迦南地的城市，消灭了那里的居民。"谁要淹死自己的狗就称它是条疯狗。"把狗淹死的人更是如此。人们是得不到谋害者指控被害人的证词的。

雅弗③是流浪民族的始祖，在这些流浪民族中有讲印欧语系语言的民族。闪④是闪米特人、希伯来人、阿拉伯人、亚述人等民族的祖先；出于某些并无实据的语系上的考虑，现在有人把腓尼基人也算在里面；还有一些人甚至毫无顾忌地把一切都推到故人身上，按照他们现今的目标来塑造历史，把腓尼基人混同于希伯来人。《圣

---

① 含（Cham）：挪亚次子。迦南的父亲。
② 约书亚（Josué）：继摩西之后成为犹太人的首领。
③ 雅弗（Japhet）：挪亚的第三个儿子。
④ 闪（Sem）：挪亚的长子，闪族的始祖。

经》中丝毫没有提到这两个民族的相近之处。事实恰恰相反，《创世记》中说腓尼基人是含的后代。腓力斯人也一样，现今人们把腓力斯人看作是克里特岛人，随后又看作是贝拉热人；在闪米特人入侵前的美索不达米亚人也是含的后代，似乎也就是苏美尔人，巴比伦人后来曾汲取了他们的文明成果；还有赫梯人，以及后来的埃及人。先于史前的整个地中海文明都源于含。这是地中海所有文明民族的发展脉络。

《圣经》中说："主看到出自人内心的思想产物往往是丑恶的……他为此而痛心。"但是，挪亚还在。"挪亚是同代人中公正且无懈可击的一个；他按上帝的旨意行事。"在他之前，自有人类之时起，只有亚伯[①]和以诺[②]是公正的。

挪亚使人类免遭灭绝。希腊的传统说法把此美德归于普罗米修斯。丢卡利翁，这位希腊神话中的挪亚是普罗米修斯之子。希腊文中这同一个词是指丢卡利翁的弓，而在普鲁塔克[③]的作品中指安放俄赛里斯[④]躯体的小箱子。基督教的礼拜仪式把挪亚的弓同十字架联系在一起。

挪亚就像狄俄尼索斯[⑤]一样是第一个种葡萄的人。

---

[①] 亚伯（Abel）：亚当的次子。
[②] 以诺（Hénoe）：亚当的孙子。
[③] 普鲁塔克（Plutarque，约50—125）：希腊作家。
[④] 俄赛里斯（Osiris）：古埃及神，是亡灵的保护者。
[⑤] 狄俄尼索斯（Dionisos）：希腊神话中的酒神，相传他首创用葡萄酿酒，并把种植葡萄方法传播各地。

"他喝酒后便醉倒了，赤身裸体躺在帐篷里。"酒和面包一样也掌握在麦基洗德这位正义和和平之王、至高的上帝的祭司的手中，亚伯拉罕①曾向他交纳什一税，听命于他而得到他的祝福；一篇圣诗中谈到他时说："主对我的主人说：坐到我的右边……根据麦基洗德的旨意，你终生为祭司"；圣·保罗谈到他时道："和平之王，他既无父母，也无家谱，既不知何日生，也不知何时死，他被看作天子，始终是位祭司。"

相反，以色列的祭司们在作圣事时是不准饮酒的。可是，基督在社交活动中自始至终一直同友人一起饮酒。他把自己比作葡萄枝蔓，即在希腊人心目中狄俄尼索斯的象征性的居所。他的第一个行为就是把水变成酒；最后一个行为是把酒变成上帝的血。

挪亚酒醉后，赤身裸体躺在帐篷里，就像偷吃禁果之前的亚当和夏娃。违抗旨意的罪过激起了他们对自己躯体的羞耻感，而对自己的灵魂更感害羞。我们大家都参与了他们的罪过，同样也有他们的羞耻感，我们始终小心翼翼，用物质的和社会的思想外衣来遮掩我们的灵魂；倘若我们揭开这层外衣片刻，我们就会无地自容。如果我们相信柏拉图的话，总有一日应将这件外衣撕下，因为他说，所有的人都要受到审判，而已经死去的裸体审判者，以灵魂本身审视一切裸体的亡灵。只有为数不

---

① 亚伯拉罕（Abraham）：见《旧约》，希伯来人，即今犹太人始祖，闪的后代。

多的完美无缺的人,在世时是灵魂赤裸的。例如阿西西的圣·弗朗西斯,他的思想始终固定在受难基督的赤裸肉体和贫苦上,还有拉·克瓦的圣·约翰,他与世无求,只求赤裸的精神。但是,如果说他们经受住赤裸,是因为他们已喝醉了;他们醉于每日流在祭台上的酒。这酒是唯一治疗使亚当和夏娃惊恐不已的羞耻的良药。

"含见到父亲赤身裸体,便出来告诉他的两个兄弟。"但是,他的兄弟不愿见到裸体父亲。他们拿了一条床单,后退着走进去,盖在父亲身上。

埃及人和腓尼基人是含的后代。希罗多德①在埃及人身上看到了宗教的渊源,并把腓尼基人看作是传播的媒介,他的观点得到许多传统看法和实物的证实。希腊人从贝拉热人那里接受了全部宗教思想,而贝拉热人又通过腓尼基人从埃及人那里全盘继承过来。埃才希埃尔②也同样证实了希罗多德的观点,因为提尔③在他的作品中被比作守护伊甸园生命树的二品天使,而埃及被比作生命树——基督把这棵生命树视为天国,树上结的果子就是悬挂在十字架上的基督的躯体。

"为提尔王唱支哀歌吧!你告诉他:……你曾是完美无缺的象征……你曾在上帝的花园——伊甸园中……你曾是二品天使,保护着……你在火石中穿行。你自从被

---

① 希罗多德(Hérodote,约公元前484—前420):希腊历史学家。
② 埃才希埃尔(Ezéchiel,约公元前627—前570):希伯来人的四大预言家之一。
③ 提尔(Tyr):古代腓尼基城邦,今为黎巴嫩南部港口苏尔。

创造出来直到满身邪气,你曾经是品行端正无懈可击……"

"告诉法老:……你同什么相似?……它是一棵枝繁叶茂的雪松……树尖直指云霄。丰富的水源使它高大挺拔。天上各种鸟在树枝上做巢,树枝下田野里各种兽类繁育着后代。各大民族得到它的荫庇。它美丽庄重,发达的树根吮吸着大河的水……上帝花园里的任何一棵树都没有它美……伊甸园——上帝的花园的树木无不嫉妒它……我抛弃了它。他们砍倒了它,这些最凶狠的蛮族,他们把它丢在一边……天上的鸟在它残枝上栖息……我让人办丧事;由于它,我再次把深水源泉覆盖上……为了它,我让黑暗笼罩黎巴嫩。"

但愿只有伟大的民族才能得到这棵树的荫庇!自埃及人以来,从不曾有人在别处为超自然的正义和仁慈向人类说出如此亲切温馨之语。四千年前的一段文字记载着上帝说过这样的话:"我创造了四股风以使每个人都能像自己兄弟那样呼吸;创造了大江大河以使穷人能像财主那样享用;我创造的每一个人都同他兄弟一样。我禁止他们做伤风败俗之事,但是他们的内心违背了我的口头禁令。"死亡使有钱人或穷汉变成永久的神,变成一个成为义人而获赦免的俄赛里斯,倘若他能对俄赛里斯说:"真理之主,我为你带来了真理。我为你消灭了恶。"为此,他必须能说:"我从不曾说出自己的名字以求荣誉。我也不曾要求别人为我从事额外的劳作。我不曾要求奴隶主惩罚过一个奴隶。我不曾弄死过一个人。我没有让任何人挨饿。我没使任何人感到恐惧。我没让任何人落泪。我不曾用高傲的口气对人说话。对正确的话、真实的话我不曾充耳不闻。"

对人的超自然的同情只能参与到上帝的同情即基督的受难中去。希罗多德见到了这圣地：在圆形的石头水池旁，人们每年举行名为神秘的庆典，表演上帝受难的节目。埃及人过去就知道只有在供祭祀的羔羊身上人们才会见到上帝。据希罗多德称，在两万年以前有一个名叫埃拉克雷斯的人，这是个圣人，也许是个仙人，他是含的孙子，他要当面见到上帝并向他恳求。上帝不愿接受他的恳求，但又经不住他的祈求，便杀了一头公羊，把羊头作面具，用羊皮遮身，然后出现在他面前。为纪念这件事，每年都有一次在忒拜①杀一头公羊，然后把羊皮披在宙斯的塑像上的祭祀活动，百姓们都披麻戴孝，最后把羊埋在一口神圣的棺木中。

认识并热爱除了万能的创世的上帝以外的另一个神圣，同上帝一样的人；他是智慧和爱的化身，统管着整个世界，教诲着人类，并集人性和神性于一体；他是人类灵魂的拯救者，他是中介、受苦受难者：这就是各民族在含的后代的神奇大树的荫庇下所能得到的东西。如果这正是使挪亚喝得醉醺醺的酒，含看到他酒醉如泥、

---

① 忒拜（Thébes）：古埃及城邦。

赤身裸体地躺着，那么含完全可以不必感到害羞，这种害羞感正是亚当的子孙们共同的禀性。

由于雅弗拒绝看赤身裸体的父亲挪亚，因此他的子孙埃莱纳①人来到希腊这块神圣土地上时幼稚无知。在希罗多德和其他许多人的作品中，这是显而易见的。但是，埃莱纳人中间先期到达希腊的那些人，即阿歇人，曾如饥似渴地聆听过对他们的教诲。

那位不是至高无上的上帝但同上帝同一的神，在希腊人那里有许多种叫法，倘若我们不失于偏见，这些名称不难识破；因为有许多关系，暗示和说明往往清楚地表明在这些名字之间以及这些名字同俄赛里斯之间有着相同的意思。例如：狄俄尼索斯、普罗米修斯、阿莫尔②、阿佛洛狄忒③、哈得斯④、珀耳塞福涅⑤、弥诺斯⑥、赫耳墨斯⑦、阿波罗、阿耳忒弥斯⑧、世界之魂。另有一个异常幸运的名字是逻各斯，即圣言或关系，中介之意。

希腊人无疑也从埃及人那里获得三位一体中第三位的知识，因为对他们来说并无其他来源。这种知识尤其

---

① 埃莱纳（Hellènes）：即希腊人。
② 阿莫尔（Amour）：爱神。
③ 阿佛洛狄忒（Aphrodite）：希腊神话中爱与美之女神，相当于罗马神话中的维纳斯。
④ 哈得斯（Hadès）：希腊神话中的冥王。
⑤ 珀耳塞福涅（PerSephone 又称 Coré）：希腊神话中的冥后。
⑥ 弥诺斯（Minos）：希腊神话中的克里特王，宙斯之子。他死后成为冥土三判官之一。
⑦ 赫耳墨斯（Hermès）：希腊神话中的众神的使者，亡灵的接引神。
⑧ 阿耳忒弥斯（Artémis）：希腊神话中的月亮和狩猎女神。

出现在柏拉图的作品中，在赫拉克利特①的作品中已经涉及。斯多亚主义者克莱昂特所作的宙斯赞歌，就是从赫拉克利特作品中汲取的灵感，这赞歌把三位一体呈现在我们眼前：

>……这就是在你战无不胜的双手控制下的仆人的品德，两面锋利之物，火之物，永生者，霹雳……通过它，你引导普天的逻各斯穿过一切事物……
>
>它，生来伟大，宇宙中至高无上的王。

希腊人用好几种名称来称呼一位女性，每种名称都相当于伊希斯②，这位女性是位洁白无瑕的处女，母亲，不同于上帝但是位圣人，一位人和物之母，一位中介之母。柏拉图在《蒂迈欧》中清楚地谈到了她，像是在低声自语，怀着柔情和惊颤。

雅弗和闪的其他后代曾迟迟但如饥似渴地汲取含的儿子们所提供的教益。凯尔特人便是这样。他们信奉特鲁依德教，这种宗教肯定在他们来到高卢之前已存在，因为他们到达高卢比较晚。据希腊传说，高卢的特鲁依德教派是希腊哲学的渊源之一。特鲁依德教可能是古伊比利亚人的宗教。我们对此知之不多，它同毕达哥拉斯

---

① 赫拉克利特（Hélaclite，约公元前 576—前 480）：希腊哲学家。
② 伊希斯（Isis）：埃及神话中的婚姻家庭女神。

派较接近。巴比伦人吸收了美索不达米亚人的文明。亚述人是一个蛮族,对这种文明几乎无动于衷。罗马人对一切精神领域的东西全然充耳不闻、视而不见,直到他们接受基督教洗礼变得开化一些为止。各个日耳曼民族似乎也是随着接受基督教的洗礼才接受了某种超自然的观念。可是,哥特族肯定属于例外,这是一个恪守教规的民族,同日耳曼人一样好斗,同热特人①这些酷爱灵魂永生和另一个世界的游牧部落有亲缘关系。

以色列人拒不相信超自然的显灵,因为他们并不需要一个对灵魂吐露机密的上帝,而是需要一个存在于民族整体之中并在战争中保护他们的上帝。希伯来人虽然同埃及有经常的接触和长期往来,他们对俄赛里斯、对永生、对拯救灵魂、对通过仁慈达到灵魂与上帝同一,一概不接受。这种拒绝使基督被害成为可能之事。基督死后,以色列存在于纷乱和无边的苦海之中。

可是,有时候以色列会得到一丝微光,它使基督教得以从耶路撒冷传播出去。约伯是美索不达米亚人,而非犹太人,但是,他的金玉良言也出现在《圣经》之中;他在《圣经》中提及中保在上帝和人之间所起的至高无上的调节作用,赫西俄德②认为此人就是普罗米修斯。达尼埃是希伯来人中第二位在流亡中受到迦勒底人智慧启迪的人,他的一生不曾有过暴虐行为,他是米堤亚国王

---

① 热特人(Gète):古代欧洲东南部民族。
② 赫西俄德(Hésiode,约公元前8世纪中期):希腊诗人。

和波斯国王的友人。希罗多德说,波斯人把神灵同一切人区分开来,但是他们除了宙斯之外也崇敬阿佛洛狄忒,他们把她叫作米特拉。在《圣经》中,她被称为智慧。在流亡中,源于希腊、埃及或其他地方的受难义人的概念传入以色列。不久以后,古希腊文化一时传遍巴勒斯坦。由于这些原因,基督才得以有门徒。可是,他花了多长时间,多么耐心和谨慎地培养他们!而埃塞俄比亚皇后的那个宦官,则无需任何准备,他听了基督的生平和死亡之后,当时就接受了洗礼。埃塞俄比亚正是《伊利亚特》中的神的选拔之地,希罗多德认为,那里的人只崇拜宙斯和狄俄尼索斯,他说希腊神话中童年狄俄尼索斯藏身的避难处在埃塞俄比亚。

罗马帝国在那时是真正的崇拜偶像,偶像即国家。人们崇敬皇帝,宗教生活的一切形式必须从属于这个偶像,没有一种宗教生活的形式能够高于对偶像的崇拜。他们对高卢的特鲁依德教徒格杀勿论。狄俄尼索斯的信徒被杀,被投入监牢,他们被指控为道德沦丧,这种理由不太可信,因为大量道德败坏之事并无人追究。毕达哥拉斯派、斯多亚派哲学家到处被追捕、跟踪。幸存的的确是崇拜偶像的基础,这样,流传给首批基督徒的以色列的偏见却碰巧得到证实。希腊的神秘很久以来被人鄙视,从东方传来的神秘几乎具有同今日智神论信徒的信仰一样的真实性。

这样,异教徒的错误观念取得了信誉,我们并没有。

如果黄金时代的希伯来人在我们之中复活，这些人首先想到的便是把我们都杀尽——包括摇篮里的婴儿在内，指控我们犯有崇拜偶像罪，把我们的城市夷为平地。他们会把基督称作巴力①，把圣母称为阿施塔特②。

他们的偏见已经渗入基督教的本质中，把欧洲从根基上铲平，使欧洲同它悠久的历史割断，这些偏见树起一道密不透风、不可逾越的屏障，把宗教生活和源于异教时代的世俗生活隔开。失去了根基的欧洲，基督教传统本身变得更加四分五裂，同自己的古代无法重建任何精神联系。不久以后，这个欧洲来到地球的其他地方，用武器、金钱、技术和宣教把这些地方彻底捣毁。现在，也许可以说，整个世界已经被连根铲除，已丧失了自己的过去。这是因为新生的基督教并不善于使自己同传统分开，这种传统在过去曾使基督惨遭杀害。然而，基督的愤怒火焰并不是射向对偶像的崇拜，而是针对法利赛人③，即犹太民族和宗教复兴的门徒——古希腊文化的仇敌。"你们抢走了知识的钥匙。"人们是否懂得这种指控的含义？

基督教始于罗马统治时代的犹代④地区，它自身具有

---

① 巴力（Baal）：迦南人，腓尼基人的土地神，保护五谷丰盛。
② 阿施塔特（Astarté）：腓尼基人的生育女神。
③ 法利赛人：古代犹太教的一个教派成员，圣经中称他们是言行不一的伪善者。
④ 犹代（Judée）：巴勒斯坦的一部分，位于死海和地中海之间。犹代曾是犹太国中心。

挪亚三个儿子的精神。因此,具有含的精神的基督徒和具有雅弗精神的基督徒之间发生了战争。阿尔比教派的战争就是一例。埃及风格的罗马雕塑出现在图卢兹并非毫无意义。如果说挪亚的儿子拒绝接受酒醉后赤身裸体的状态,因而他们的精神能存在于基督徒中,那么,在拒绝接受基督教并公开以闪和雅弗为掩护的人们之中,这种精神更是有过之而无不及!

凡是有份喝上挪亚和麦基洗德①的酒,喝上基督的血——不管这一份是大的还是小的,是直接的还是间接的,有意识的还是无意识的,但都是真正的一份——的人都是埃及人和提尔人的兄弟,是含的养子。可是,今天雅弗的后代和闪的后代引起更大的轰动。他们之间积怨甚深,一部分人势力壮大,另一些人遭受迫害,但他们是同根所生,相似之处比比皆是。他们都拒绝接受赤身裸体,都需有外衣掩饰,这层外衣是由血肉——尤其由集体的温暖——所造成,使每个人身上所藏之恶不受阳光的照射。这层外衣使上帝成为无害的,使人们能否定上帝存在也能肯定上帝存在,能用各种真名或假名来召唤上帝;它使人们能用上帝的名字来称呼上帝,还无需担心灵魂会被这名字的超自然能力所改变。

这三个兄弟中最年轻的一位就像故事书中所说的经历了美妙的遭遇,三兄弟的故事在地中海以远地区也有

---

① 麦基洗德(Melchizedek):旧约中的人物,撒冷王,"至高上帝的祭司"。

其价值吗？这很难说清楚。我们仅仅认为，印度传统似乎并不是始于印欧之源，尽管这种传统的灵感深处同希腊的思想惊人地相似；不然的话，埃莱纳人在来到希腊时就会吸取这种传统而无需一切从头学起。另一方面，在诺诺斯①的作品中两次在狄俄尼索斯的传说中提及印度；扎格柔斯②似乎是在印度一条名叫依达斯普河的河畔长大成人的；狄俄尼索斯似乎远足去过印度。顺便提一句，他好像在旅途中遇见一位不信宗教的国王，这位国王派出军队向他进攻，而当时他在卡迈勒山南，手无寸铁，不得不退缩到红海边。《伊利亚特》中也提到了这件事，但没有说明地处何方。是在以色列吗？不管怎样，狄俄尼索斯同毗湿奴③之间有亲缘关系是不言而喻的，而狄俄尼索斯也叫作巴克科斯④。对印度，我们说不出更多的东西。对亚洲其他地方，对大洋洲，对美洲，对黑非洲，也许也说不出什么东西了。

但是，对地中海沿岸来说，这三兄弟的传说是了解历史的关键所在。含确实遭受过厄运，但是，这种厄运是同追求极度的美和纯洁而遭受不幸的人和事物所共有的。在数百年中绵延着无数次入侵。侵略者始终是耳目闭塞的子孙的后代。每当入侵的民族屈从于当地精神，即含的精神，并汲取当地的神灵的启迪时，便会产生文

---

① 诺诺斯（Nonnos，约公元410年生）：希腊诗人，著有神话史诗。
② 扎格柔斯（Zagreus）：俄狄甫斯教派对狄俄尼索斯的称呼。
③ 毗湿奴（Vishnu）：婆罗门教和印度教中三大神之一。
④ 巴克科斯（Bacchus）：罗马神话中酒神。

明。每当入侵的民族保持狂妄的无知愚昧时,野蛮暴行、比死亡更糟的黑暗就会持续几百年之久。

但愿含的精神不久将在这些浪潮周围重放异彩。

**补充说明:**

挪亚曾得到过默示,这有一个证明,就是《圣经》中说上帝曾在挪亚身上同人类订过契约,天上彩虹就是这个契约的标志。上帝与人的契约只可能是一种默示。

这种默示同圣祭有某种关系。正是在闻到挪亚圣祭的味道时,上帝决定再也不去毁灭人类。这圣祭是一种赎罪行为。我们几乎可以认为这就是获得预感的基督的圣祭。

基督徒把圣祭叫作弥撒,即每天为基督受难做祷告。在公元前的《薄伽梵-吉达》一书中,化为肉身的上帝说:"圣祭,即我本身在这躯体中显身。"圣祭和化为肉身这两种概念之间的联系也许由来很久了。

特洛亚战争是两兄弟对含的仇恨的最悲剧性的例证之一。这是雅弗对含的一场谋杀。在特洛亚人方面只有含的后代,而在对立阵营中一个也没有。

有一个明显的例外,可作明证。这就是克里特人。克里特是源于含的文明中的一颗明珠。在《伊利亚特》中,克里特人站在亚该亚人[①]一边。

---

① 亚该亚人(Achéen):希腊最古老部族,曾创造出灿烂的文明。

但是，希罗多德告诉我们，这是一些假克里特人。他们是前不久占据这个荒凉无人的岛屿的希腊人。然而，当他们返回时，弥诺斯因为他们参与了这场战争对他们十分恼怒，用瘟疫来惩罚他们。在公元前五世纪，皮提亚①在德尔斐②禁止克里特人在米堤亚③人战争中站在希腊人一边。

这场特洛亚战争是一件毁灭整个文明的行为。它终于得逞。

荷马把特洛亚称为"神圣的伊利翁"。这场战争是希腊人的原罪，是他们的悔恨。在这种悔恨中，刽子手们得以部分继承他们的受害者灵感。

可是，这也是事实：除了道里安人④，希腊人是由埃莱纳人和贝拉热人混合而成，在这混合人种中，埃莱纳人是入侵者，而贝拉热人却是实际统治者。贝拉热人也是含的后代。埃莱纳人从他们那里学会了一切。尤其是雅典人，几乎是由纯贝拉热人组成。

据学者们有争论的两种假设之一，如果说希伯来人在公元前十三世纪离开埃及的话，那么，他们离去的时间接近特洛亚战争这一时期，正如希罗多德所指出的那样。

于是，人们会提出一个简单的假定，即：摩西在得

---

① 皮提亚（Pythie）：女预言家，以阿波罗的名义告知神谕。
② 德尔斐（Delphes）：希腊古城名。
③ 米堤亚（Médie）：伊朗西北部，古国名。
④ 道里安人（Doriens）：公元前十二世纪入侵希腊。

到或没有得到神灵默示的情况下,推断希伯来人曾在荒漠中流浪了相当长时期,然后可能进入了巴勒斯坦;他作这种推断的时间正是这个国家的武士们纷纷出走参加特洛亚战争之时,当时特洛亚人曾向远方的民族发出了求援的呼声。希伯来人在约书亚的率领下毫不费力——也无需求助于神迹——就残杀了毫无抵抗力的百姓。可是,一旦出征特洛亚的武士们返回故里,他们的征战便告终。但据《士师记》[①]开始部分所记,希伯来人远没有像《约书亚记》[②]结尾所记走得那么远,没有同那些他们认为被约书亚完全消灭干净的民族发生战斗。

这样,我们得知,特洛亚战争在圣经里丝毫也没有留下痕迹,希伯来人征服巴勒斯坦在希腊传说中也没留下任何痕迹。

但是,希罗多德对以色列一言不发,这一点令人迷惑不解。必定是这个民族在那个时代被视为渎圣者,被视为某种不该提及之物。如果说这个名字在当时是指利古戈斯,即那个全副武装向手无寸铁的狄俄尼索斯发起攻击的国王,这就可以理解了。但是,在经过颠沛流离返回故里并重建寺院之后,肯定发生了某种变化。

---

① 《士师记》(Livre des Juges):先知书之一,记述约书亚死后,上帝数次兴起士师带领百姓战胜仇敌。
② 《约书亚记》(Livre de Josué):最古老的先知书之一,与旧约的前五卷合称六经。

# 附篇

## 致一位修士的信

读完特兰托公会议（Concil de Trente，1545—1563）的决议，我感到它似乎与它表述的宗教没有任何共同之处。而在阅读《新约》《灵修神学》、在亲临弥撒时，我就确信，也就是感到，这信仰就是我的信仰，或更确切地说，它是由于我的不完美而使我与它没有距离的我的信仰。这就出现了一种艰难的精神境况。我无意减轻这境况的艰难，而只是想使它变得较为清晰。只要清晰明白，任何苦难都是可以接受的。

我要概括向您说明多少年来（至少是几年来）在我头脑中困扰不去的思想，这些思想使我与教会产生隔离。我并不想与您彻底讨论这些思想，我当然很乐意进行一次这样的讨论，但那是在以后，是第二步的事情。

这些意见与教会的思想相容还是相悖，我希望得到您确定的答复——不是诸如"我想……"之类的回答格式。如不相容，我希望您能明确地告诉我：任何人要我同意包括这样或那样礼规内容的意见，我将拒绝他们施予的洗礼。我并不要求立即的回答，这并不紧迫。我只是要求一个明确的答复。

请原谅我给您添麻烦，但这实在是不得已。对这些问题的思考于我并非儿戏。它们的重要不仅因为涉及永恒得救，而且因为在我看来已远远超过我的得救。生与死的问题相对来讲成为一种游戏。

在下面提出的问题中，有一些我也不能有把握；但在严格意义上的信仰认为是错误的情况下，它们于我就是同样严重的障碍。因为，我坚信它们是不肯定的，就是说，断然否定它们是不合理的。

在这些意见中，有一些（特别是涉及宗教，非犹太－基督教的经典、东正教经典等）从未受到过评判，尽管它们在公元最初几世纪很可能被肯定过。这使我想问它们是否被秘密地接受了。不管怎样，如果今天我或其他人因为公开陈述这些意见而受到教会的谴责，那我也不会放弃这些意见，除非有人说服我它们是错误的。

多年以来，我怀着强烈的爱，热切地关注、思考这些问题。这强烈的爱，由于我离完美太远而微不足道，但我却感到这种爱在不断增长。随着它的增长，我与宗教信仰之间的联系变得越来越紧密，它们越来越深地植根于我的心灵和理智之中。但是，与此同时，那些使我远离教会的思想，也同样由于力量和清晰度而占上风。如果这些思想真的与归依教会互不相容，那么，我能够参与圣事的希望几乎渺茫。倘若如此，我不知道我如何能避免得出这样的结论：我生性就是教会之外的基督徒。

这种生性存在的可能，意味着教会事实上并不名符其实是大公教的，而如果它旨在完成它的使命，那么有一天它应该成为符合教义的。

对我来讲，下述意见各自具有的可能与肯定的程度是相互有别的。然而，在我的思想中，疑点会与所有这些意见同时产生。只是由于语言贫乏，我才用陈述句进行表达。我其实需要动词变位来包容一种补充方式。在神圣事物的范围内，我不断然肯定任何东西。然而，我与教会教诲相符的意见中的神圣之物，也会同时在我的思想中产生疑点.

我把对于一切思想——不论什么样的思想——的判断的存疑，毫不例外地看作理智范围内的一种谦逊的道德。

我把这些意见陈述如下：

1. 如若我们取一先于基督或足以远离他——比如距他五世纪——的时期，而不考虑他之后，那么，在这一时期，以色列较之周围一些民族（印度、埃及、希腊、中国）较少参与上帝和圣事。因为有关上帝的基本事实是：上帝是善的。相信上帝能够吩咐人们从事不义的恶行与残暴，那是对于上帝可能犯的最大错误。

在《伊利亚特》中，宙斯没有下令做任何恶行。希腊人认为："恳求的宙斯"寓居于每一个寻求怜悯的不幸的人身上。耶和华是"军队的上帝"。希伯来人的历史表明不仅有群星，还有以色列的征战者。但是，希罗多德列举了许多希腊与亚洲的民族,其中只有一个民族拥有"军队的宙斯"。这亵渎神明的话,别的民族一无所知。埃及的至少有三千年或者更长历史的《亡灵书》,满载着《福音书》式的爱德。(亡灵对俄赛里斯说:"真主啊,我对你说实话……为了你,我摧毁罪恶……我没有杀害过任何人。我没有让任何人哭泣。我不曾让任何人遭受饥饿的痛苦。我从没有让一个主人恶待他的奴仆。我也从没有恐吓过任何人。我从没有用一种高高在上的语气说话。我从没有对正确、真实的话语充耳不闻。我也不曾为了荣誉把我的名字放在前面,不曾强求上帝的启示……")

希伯来人接触埃及文明足有四个世纪之久,但他们拒绝接受这种温和精神。他们要求强力。

我想,除去《约伯记》(它的主人公不是犹太人)、《雅歌》(但是否先于迁徙?)以及大卫的一些诗篇(但是否确属大卫所作?),在迁徙之前的所有文字记载都染上对于上帝的这种根本错误的看法。另一方面,第一个在犹太历史中出现的完美人物是但以理(他受迦勒底智慧的启迪)。所有其他人,从亚伯拉罕开始,他们的生活都被暴行所玷污(亚伯拉罕是以强暴妻子开始)。

这使我们想到,以色列是通过异族传统(迦勒底、波斯或希腊)才知道有关上帝的最基本的真理的(即上帝在成为强大者之前是善的),这于迁徙是有利的。

2. 我们称之为狂热崇拜的东西,从广义上讲是一种犹太人的狂热想象。任何历史时期的任何民族都曾经是一神教信徒。如果早期的希伯来人复苏，而且人们交给他们武器，他们就会以崇信罪把我们全部消灭：男人、女人和孩子。他们会谴责我们接近巴力和阿施塔特，谴责我们把基督视为巴力，把圣母视为阿施塔特。

反过来说，巴力与阿施塔特也许就是耶稣和圣母的体现。

为反对上述某些宗教崇拜，人们有理由引证与之俱来的放荡——但我几乎很少认为今天人们还这样想。

但是，与对耶和华的崇拜相关的暴行，由他指挥的杀戮，同样至少是难以忍受的耻辱。暴行是一种比淫荡还要可怕的罪恶。此外，淫荡在凶杀和肉体结合之中会得到同样的满足。

崇拜自己的偶像而自称为异教徒的人们，他们的感情极可能与那些受十字架以及圣母及圣人像启迪的人们是相同的，并且和那些在精神与理智上都平庸无奇的人们有着同样的偏差。

人们并不是顺畅地把这样一种超自然的道德赋予圣母这样的特定偶像。

如果他们相信神性在石头和木头中也会完全体现出来，那他们可能是对的。我们不是也相信上帝在面包和酒中显现吗？也许上帝确实显现于按照某些礼仪制造和奉献出来的偶像之中。

真正的宗教崇拜是垂涎。犹太民族由于肉欲的渴望，在钟爱上帝的同时就对上帝犯了罪。希伯来人并不曾把金属、木头当作偶像,而是把种族、民族即同样世俗的东西作为偶像来崇拜。他们的宗教由于"被挑选的民族"的概念而从本质上与这种崇拜难以分开。

3. 伊流西斯[①]和俄赛里斯奥义的种种仪式被视为我们今天所理解的意义上的圣事。这可能是真正的圣事,与洗礼或圣体圣事具有同样的德性,并且从对基督的激情的同样关系中获取这种德性。激情曾要来临,今天它已过去。过去与将来是对称的。编年学在上帝与人的关系——一种终点是无限的关系——中具有决定性的作用。

如果拯救没有在一开始就以相应的符号和可感的方式在大地上出现的话,我们就不能原谅上帝——如果允许我使用这些并未亵渎圣神的词。在基督纪年前的多少世纪中,曾有过不计其数的无辜的、无家可归的、受尽奴役的、惨遭屠杀的人的深切不幸。耶稣出现在这大地上,至少人们并没有驱赶他。他出现在任何存在着罪恶与不幸的地方。如果没有这种出现的超自然的结果,那被不幸压碎的无辜者如何可能避免堕入诅咒上帝的罪过之中,且因此被罚入地狱?

此外,圣·约翰谈到过"世界建立以来被扼杀的羔羊"。

在耶稣之前就已有基督思想存在的证明,而时至耶

---

① 伊流西斯(Eleusis):雅典西部地名。

稣时期，人们的行为并不曾发生过显著的变化。

4. 在其他不同的民族（印度、埃及、中国、希腊）中，也许有过与犹太-基督教的圣经名义相同的圣典。今天还存留着可能是这样的圣典的片段与影响。

5.《圣经》中涉及东正教的部分（《创世记》《诗篇》《保罗书信》）证明从以色列诞生起，以色列之外一直存在崇拜上帝的仪式——一种基于基督教立场的对上帝的认识，而且无限高于一切永远被以色列拥有的东西。

没有任何东西能禁止在东正教教义与古典《圣经》之间有联系的假设。在面包和得墨忒耳①、葡萄酒与狄俄尼索斯之间存在着相似之处。

根据《创世记》，麦基洗德是迦南王。可能从那时起就有了迦南城市的腐化堕落和对神灵的亵渎。或者，迦南各城市在大屠杀时期只存留了几个世纪，或者可以说是希伯来人对受难者制造的诽谤。

6.《保罗书信》中有关麦基洗德的段落与耶稣的话相近："亚伯拉罕亲临我的诞生"，而且能够表明麦基洗德已经成为圣子的化身。

无论如何，不能肯定耶稣之前圣言未曾化为肉身，也不能肯定埃及的俄赛里斯、印度的毗湿奴显身不属此列。

7. 如果俄赛里斯不是一个以耶稣的方式作为上帝曾

---

① 得墨忒耳（Déméter）：希腊神话中的谷物女神。

在人世间生活过的人，那至少他的历史是一种预言，它永远比《旧约》中人们也以此命名的一切都更清楚、更完全，而且更接近于真理。对其他死去的和再生的神祇亦是如此。

这个问题现在变得极其重要，因为，要医治始于二十世纪且日趋严重的世俗文明与基督教国家中的修行之间的分离，现在变得紧迫起来。我们的文明并不受益于以色列，其中也只有极少的东西受益于基督教，但几乎全部受益于基督以前的古代文化（日耳曼、罗马、希腊、埃及－克里特、腓尼基、埃及、巴比伦……）。如果在古代文化与基督文化之间有一道密固的隔墙，为使基督文化真正肉身化，使基督的神启浸透全部生命，必须首先认识到，从历史观点看，我们的世俗文明起源于宗教的神示，这神示尽管从编年史上看先于基督，但它本质上是属于基督的。上帝的智慧应被看作人世间所有光明的唯一源泉，即使是照亮这个世界上的诸物的那些微弱的光明。

普罗米修斯也同样。普罗米修斯的历史，就是耶稣在永恒中投射的历史本身，其中只是缺少时空的定位。

希腊神话中充满了预言。欧洲民间故事——有人称之为神话传说——也是如此。

许多希腊神灵，往往拥有几个名字，实际上指的是一个神人，即圣子。我认为，狄俄尼索斯、阿波罗、阿耳忒弥斯①、阿佛洛狄忒②、普罗米修斯、阿穆尔、普洛塞尔皮娜③等就是这样的神人。

我还认为，赫斯提亚④、雅典娜，可能还有赫淮斯托斯⑤都属于圣灵的名字。赫斯提亚是中心火。雅典娜这智慧女神在宙斯吞掉怀孕的妻子后从宙斯的头里面跃出来。雅典娜于是来自上帝与上帝的智慧。在基督教圣事中，她分发橄榄枝和橄榄油，这与圣灵有相似之处。

人们在评论基督的某些行为或布道时经常说："应该让预言实现。"这里指的是希伯来的预言。但是，其他的行为和布道对非希伯来的预言也可做同样的说明。

耶稣基督把水变成酒，由此开始了他的世俗生活。最后，他把酒变成血。这就表明他与狄俄尼索斯相似。酒神同样说过"我是真正的葡萄园"这样的话。

他还说过"如果种子不死"，这表明了他与阿弟斯与普洛塞尔皮娜的相似之处，即一种以植物为图像表达出来的死亡与再生的神性。

圣母的母性与柏拉图《蒂迈欧》中的有关本质的话有着神秘的关系，是万物永恒不变之母。古代文化中的诸如得墨忒耳、伊希斯的母性女仙都是圣母的形象。

坚持把十字架与一棵树、钉十字架与绞刑相比较，

---

① 阿耳忒弥斯（Artémis）：希腊神话中的月亮和狩猎女神。
② 阿佛洛狄忒（Aphrodite）：希腊神话中的美与爱神。
③ 普洛塞尔皮娜（Proserpina）：罗马神话中的冥后。
④ 赫斯提亚（Hestia）：希腊神话中的灶神或家室女神。
⑤ 赫淮斯托斯（Hêphaistos）：希腊神话中的火神。

这应该与今天已不复存在的一些神话有关。

如果斯堪的纳维亚的诗《奥丹的文字》先于任何基督教的影响（这难以证明），那么它也包含令人震惊的预言：

> 我知道我被风悬挂在一棵摇摆的树上，整整度过九个夜晚，我被投向奥丹的长矛刺伤，只有自己对着自己，在这棵谁都不知从什么根上长出来的树上。
>
> 没有人给我面包，也没有人给我一滴牛角水喝。我看着下面，我注意到了古代字母，我一边哭泣，一边记住了它们。然后，从树上下来。

"上帝的羔羊"的求语。无疑与今天人们称之为图腾的传统有关。希罗多德书中的宙斯暗嫩①（宙斯扼死一只公羊以给那请求看看羊皮下有什么的人展示）的故事，与圣·约翰的话相近："世界建立以来被扼杀的羔羊"在世上投下了一道耀眼的光明。第一次取悦上帝的祭物——亚伯的祭物——是动物。动物作为基督牺牲的形象被召唤到弥撒常典。第二次挪亚的祭物也同样，它最终把人类从上帝的愤怒中解救出来，并且促成了上帝与世人的和解。这就是耶稣受难的结果所在。这二者之间的

---

① 暗嫩（Ammon）：《旧约》中以色列王大卫的儿子。

关系是神秘的。

在远古时期，人们还会认为，在他们为吃而杀害的动物之中，存在着上帝的真实显现，上帝下到动物之中以把自己作为食物奉献给人们。这种看法把动物食物变成一种圣体，而同时，由于缺少一种多少属于笛卡尔类型的哲学，它又成为一种罪过。

这就值得我们注意，在耶稣被钉在十字架的时刻，太阳位于白羊星座。

在《蒂迈欧》中，柏拉图把宇宙的天体构成，描述为一种世界灵魂的受难，相交点即两分点，也就是白羊星座。

还有一些篇章（《尤泰第姆斯》《蒂迈欧》《会饮》《斐德若》《斐勒布》）指出，在数目与统一之间建立的几何比例平均概念——这是希腊几何的中心——就是上帝与人之间的神性中介的象征。

然而，在《福音书》中多次转述的（特别是《约翰福音》）只能归于一种意向的耶稣的许多话拥有一种比例平均的代数形式。比如："因为圣父把我派来，所以我委派你……"同样的关系联结着圣父与耶稣、耶稣与他的门徒。耶稣就是上帝与诸圣徒之间的比例平分。中介这个词本身表明了这个意思。

因此，我得出结论：在《诗篇》的救世主中，在以赛亚正义的受难中，在《创世记》的青铜蛇像中，同样在希腊几何学的比例平均数中，人们可以认出耶稣的形象。希腊几何学从此成为诸预言中最辉煌夺目的。

在毕达哥拉斯的一篇著作中,俄尼乌斯说:"我们把月亮叫作普洛塞尔皮娜……因为月亮像一条蛇,时而向左,时而向右。"

所有可以领会圣言的中介神都是月神,都背着使人想起弯月的羊角、竖琴或弯弓(俄赛里斯、阿耳忒弥斯、阿波罗、赫耳墨斯、狄俄尼索斯、扎格柔斯、阿穆尔……)。普罗米修斯是例外,但在埃斯库罗斯笔下,伊俄把普罗米修斯吊起来过,她被罚永久流浪,就像他被钉十字架受难。伊俄是有角的(请注意,在被钉十字架以前,耶稣是个流浪者——而且柏拉图把阿穆尔描绘为一个可怜的流浪者)。

如果,太阳是圣父的形象,月亮则是太阳光辉完美的反射,这是人们可以静观的反射,它忍受着缩小和消失的痛苦,它就是圣子的形象。而光则是精神的体现。

在赫拉克里特那里是否有过"三位一体",只能通过他留下来的残篇猜测,然而却在受到赫拉克里特启发的克莱昂特的《献给宙斯的颂歌》中有明显的表现。其中的主要人物是:宙斯、逻各斯和神火或雷电。

克莱昂特对宙斯说:"这宇宙感觉到你的主宰——这就是你置于你不可战胜的双手之下的奴仆的德性——置于具有正反两面的永恒的生机勃勃的火——雷电之中。"雷电并不是压制的工具,而是引发赞同与自愿服从的火。这火就是爱。而这爱是奴仆,是永恒的生物,因而是一个人。宙斯佩带双刃斧（雷电的象征）在克里特岛上的历史悠久的古老形象，可能业已具有这样的意义。这接近于耶稣所讲的双刃的话："我来不是带来和平，而是带来双刃剑。"

在《新约》中，火经常是圣灵的象征。

斯多亚派继承赫拉克里特，把火命名为普纽玛（Pneuma，希腊文：灵风），是火的能量支持着世界的秩序。普纽玛，是一种火的气。

在斯多亚派与毕达哥拉斯派看来，产生肉体繁殖的种子就混杂着液体的普纽玛。

耶稣关于重生的布道——以及此后有关全部洗礼的象征说法——应该正确地理解为与毕达哥拉斯及斯多亚派有关的繁殖的观念。由此，俄耳甫斯所说"小羊羔，你浸落在牛奶之中"的话，应该可能与洗礼相似（初民们把牛奶看作从父亲的种源而来）。

"伟大的潘死了"，这句话可能表明的不是偶像崇拜的消失，而是基督之死——基督即伟大的潘、伟大的大全。柏拉图（《克拉底鲁》）说潘就是"逻各斯"。在《蒂迈欧》中，他把这个名字赋予世界的灵魂。

圣·约翰在使用逻各斯和普纽玛这两个词时，指出了连接希腊斯多亚派（要区分卡东与布鲁图斯）与基督教的深刻的相似性。

柏拉图在作品中通过隐喻同样清楚地认识并指出三位一体、中介、肉身化、基督受难的教义，以及通过爱获得的神恩与救赎。他承认最根本的真理（即上帝）就是善。此外，他又是强大万能的上帝。

基督说："我来是为了给大地留下火种，而如果火灾已经带来火，我还能希望什么？"基督在此表明他与普罗米修斯的相似之处。

他说："我就是道。"这道与中国的道很接近，这个词的直接意思是道路，一方面隐喻自救的方法，另一方面隐喻作为中国的精神上帝的无人称的上帝，而这个上帝虽是无人称的，却成为智者的模式，并且不断地发生作用。

他说"我就是真理"，这使人想到俄赛里斯，真主。

他还说过一句重要的话："制作真理的人们。"他使用了并非希腊式的表达法。据我所知，这也不是希伯来式的（有待考证）。然而，它却是埃及式的。马阿特（Maat）同时要说正义与真理。这是极有意义的。无疑，神圣的家族去埃及并非毫无目的。

被视为一种死亡的洗礼，相当于古代参加神秘祭礼。圆形圣洗堂很像希罗多德所说的为举行俄赛里斯受难祭礼而建的石砌水池。二者可能都在召唤大海，这是挪亚与俄赛里斯的方舟在上面漂流的大海，而方舟则是在木制十字架之前就已拯救过人类的木制物。

大量神话、民间传说都可在基督教真理中得到反映，毫不牵强，也没有变形，相反，似乎在其中加入一道耀眼的光明。这些真理也因此被照亮。

8. 每当一个人以纯净的心灵乞求俄赛里斯、狄俄尼索斯、菩萨、道等保佑时,上帝之子就向他寄以圣灵作答。圣灵感应于他的灵魂,不是使他抛弃宗教传统,而是在这传统内部赋予他光明——最好的情况下是全部的光明。

希腊人的祈祷与基督徒的祈祷很相似。当埃斯库罗斯在《群蛙》中说:"得墨忒耳,你滋养了我的思想,我要不负你的秘示。"这就很像对圣母的祈祷,并且应该具有同样的德性。埃斯库罗斯的优美诗句完美地描述了沉思:"无论是谁,只要把思想转向宙斯,呼唤他的荣光——那他就会获得全部的智慧。"(他知晓三位一体:"……在宙斯身边,他坚持行动和说话。")

因此,派传教士让亚洲、非洲、大洋洲的人进教堂是无用的。

9. 当基督说"教育所有的民族,为他们带去新的信息",他吩咐带去的是信息,而不是神学。当他自己来到时,他说"只是为以色列的虔诚教徒",而把新信息另外添加于以色列的宗教之中。

也许,他想要每个使徒都同样在所处国家的宗教中添加上基督生与死的福音。但是,由于犹太人的难以根除的民族主义,这圣示没有被正确理解。他们必须处处强行推行他们的圣经。

如果看到许多人都推测使徒们没有很好理解基督的命令,那我可回答说:完全可以肯定,他们是难以理解基督的某些观点的。因为基督复活后曾经说过：去教育那些民族，为他们洗礼。而在他与门徒们度过40天，向他们昭示他的教诲之后，彼得还需另外特殊的昭示，还需要获梦，以决定为一位世俗人洗礼。他本应引述这个梦来向周围人解释这个行为。而保罗则为取消割礼遇到许多困难。

另一方面，以果评树是不可避免的，教会已经带来过多的坏果，不能说它开始时没犯一个错误。

欧洲在精神上被拔了根，与我们文明的一切因素都由之而来的古代分道扬镳了；从十六世纪开始，它又去其他大陆拔根。

二十个世纪之后，基督教实际从未脱离白人种族，天主教的限制则更甚。美洲在十六个世纪中始终没有听说基督（不过，圣·保罗说过：新消息是向全部创世而宣告的），美洲诸民族还没来得及知道，它就在最可怕的残杀中被消灭了。传教士的热忱没有使非洲、亚洲和大洋洲基督化，而只是把这些大陆置于白色人种冷酷、残暴、具有破坏性的、压碎一切的统治之下。

如果正确理解基督的话，那么产生这样的后果就很奇怪。

基督曾说过："教育这些民族，并为信者洗礼。"这里指的是相信他的人。他从未说过："强迫他们否认他们父辈视为神圣的一切，而承认一个陌生小民族的历史可作为他们的圣书。"有人确认，如果传教士不强迫印度人以放弃毗湿奴和湿婆为条件，那他们自己的传统决不会阻止他们接受洗礼。如果一个印度人相信毗湿奴是圣言，湿婆是圣灵，那圣言在克利希纳和罗摩中的肉身化先于在基督身上的肉身化，有什么权利拒绝他受洗呢？——同样，在耶稣会与罗马教廷有关在中国传教的论争中，正是耶稣会在实现基督的旨意。

10. 实际进行的传教活动（特别是对十七世纪在中国耶稣会政策的谴责），除去特殊情况外，一般并不很好。即使是牺牲了的传教士都由于伴随有太多的大炮和战舰而不能成为真正的羊羔的明证。我不知道教会是否曾公开指责过为传教士复仇所采取的惩罚行动。

我个人从来没有捐助过传教事业，哪怕是两分钱。我认为，对一个人来说，宗教的改变是一件与作家改变语言同样危险的事情。它可能成功，但也可能带来严重的后果。

11. 天主教明显包含着一些真理，而其他一些宗教的真理是不言明的。反之，其他一些宗教明确地包含着在基督教中只暗含的真理。就是最有教养的基督徒也还可能在其他宗教传统中的神性上学到很多东西，尽管内心之光同样能够使他通过自己的宗教洞察一切。然而，若其他宗教传统在地球上消失，那将是不可修复的损失。而传教士们为着让其他宗教传统消失已经做得太多了。受难的圣·约翰把信仰与银光反射做比较，而真理则是金子。真正的宗教的不同传统是不同真理的反映，但却可能是同等珍贵的。但人们并不明白这点,因为每个人只生活在这些传统中的一种传统之中,而且是从外部发现其他传统。这样,正如天主教徒极有道理地不断向不信教的人重复的那样:只有从内部才能认识一种宗教。

这就好像两个人,他们各自居住在两个毗连的房间里,每个人都透过窗户看见太阳,隔壁房间的墙被阳光照亮,每个人都以为只有自己才看见了太阳,而邻居看见的只是反射的光。

教会承认天性的多样是重要的。应该扩展这种外在于教会的天性的思想。因为他们确实存在。

12. 正如印度人所说,上帝是有人称的,同时又是无人称的。他之无人称,是从他用以成为一个人的无限神秘、无限异于人类的方式上讲的。只有同时把这两个不可能在人间而只在上帝那里才可相容的相反概念,当作两个钳夹来使用,人们才可能把握这个奥秘(毕达哥拉斯派所理解的其他许多两个一组的相反相成的对子亦是如此)。

人们只有同时把上帝设想为有人称的和无人称的,才能同时——不是连续——把上帝设想为像三和一的数字(天主教徒中很少有人能做到)。此外,上帝时而表现为一个神人,时而又是三个神。许多基督徒都把这种摇摆与真正的信仰相混淆。

具有高尚精神性的圣人,比如受难的圣·约翰,都同时并以同样的努力去把握上帝的人格的和非人格的面貌。那些不那么高尚的灵魂，把他们的注意力和信仰特别或仅仅放在两种面貌中的一种之上。因此，里兹约的达莱丝①只代表一个人神。

因为在西方，上帝这个词通常指的是一个人。那些把注意力、信仰和爱几乎专一地集中于上帝的非人格面貌上的人，可能认为或自称是无神论者，尽管超自然的爱居于他们的灵魂之中。这样的人肯定得救。

他们基于人世间事物的立场来认识自己。所有在纯粹状态下对邻人充满爱心并且接受世界秩序的人，也包括不幸的人；所有这些人，即使在表面上他们作为无神论者而生而死，他们也肯定得救。

那些完全拥有这两种道德的人，即使作为无神论者而生而死，他们也是圣人。

遇到这样的人，希求他们改宗是徒劳的。尽管用眼看不出来，他们其实已经改宗。他们又一次从水与精神中诞生，尽管从未受过洗。他们吃过生命的面包，尽管从未领过圣体。

13. 慈爱与信仰尽管不同，但却是不可分离的。慈爱的两种形式更是不可分离。不管什么人，只要能够同情不幸的人（这是少有的事情），那他就可能暗含地然而却总是真正地对上帝拥有了爱和信仰。

基督并不拯救所有向他说"天主、天主"的人。但

---

① 圣·达莱丝（Saint Thérèse, 1873—1897）：法国著名加尔默派女修士。1888 年入里兹约修道院隐居，以其圣洁和早逝而闻名。

他会救助一切最少想到他，但却以一颗纯净的心灵把面包施予饥饿者的人。当上帝感谢这些人时，他们会回答："主啊，我们何时曾给过你食物？"

因此，除非能确定异教徒们对邻人从未有过慈爱，圣·托马斯的结论就是错误的：他认为拒绝投身唯一信条的人，其实没有任何程度的信仰。但这是困难的。据人们所知，比如，"完美的"纯洁派，甚至在圣人之中就在很少有的程度上拥有慈爱。

如果有人宣称：魔鬼在异端派那里制造了这样的道德外表，以更好地诱惑诸种灵魂，那就会导致与这样的说法的对立："你们凭其果实可认识树。"那人们就恰恰像那些把基督看作魔鬼附身的人一样进行推理，就可能近乎犯下不可赦免的原罪，即对圣灵的亵渎。

同样，能够具有纯洁同情心的无神论者、"不诚者"，距离上帝与基督徒一样近；因此，他们对上帝的认识也同样深刻，尽管他们的认识是通过另外的话或保持沉默表达出来的。因为"上帝就是爱"。而如果上帝给予寻找他的人们以报酬，那他给那些接近他的人们以光明——特别是当他们欲求光明时。

14. 圣·约翰曾说过："谁相信耶稣即基督，谁就是从上帝那里诞生的。"那么，谁相信这点，即使没有参与教会肯定的任何其他事情，他也具有真正的信仰。因此，圣·托马斯完全错了。此外，教会由于在三位一体、肉身化和拯救中加上其他信条而趋向反《新约》的道路。

为追随圣·约翰，教会应该只驱逐幻影论派即否认肉身化的人。特兰托公会议用教理条文确定的信仰（坚定地相信教会讲授的一切），与圣·约翰的信仰相去甚远。前者认为信仰纯粹是相信在耶稣身上的上帝之子的肉身化。

随着时间的流逝，似乎一切的发生都在说明：人们不再看得见耶稣，而把教会看作尘世间上帝的肉身化。"神秘身体"的隐喻，成为两种观念之间的桥梁。不过这里有一个小小的区别：基督是完美的，教会则被大量罪恶所玷污。

在托马斯有关信仰的观念中，包含着一种比希特勒的"极权制"更令人窒息或更严厉的极权主义。因为精神不仅完全同意教会作为严格信仰所承认的一切，而且同意教会将永远承认的原来的一切，理智受到钳制并且成为奴隶不得不承担的重负。

"船帆"或"反射"的隐喻，被神秘主义者们运用到信仰之中，这使他们得以脱离这闷热的房间。他们不是把教会的教诲作为真理接受下来，而是当作某种人们能在它后面找到真理的东西接受下来。

这与特兰托公会议纯洁派所确立的信仰相去甚远。这就如同在同样的基督教的命名之下，在同样的社会组织内部，存在着两种不同的宗教：神秘主义者的宗教和另一种宗教。

我认为第一种宗教是真正的宗教。若把二者相混淆，就会产生利弊参半的结果。

按照圣·约翰的话，教会从来没有权力驱逐任何真正相信基督即亲临尘世的上帝之子的人。

圣·保罗的定义，要比"相信上帝存在并且酬报那些寻找他的人"的意义还要深远。这种观念同样与圣·托马斯和特兰托公会议的观点没有任何相同之处，甚至存在着矛盾。因为，怎么敢断定，在异教徒中从来没有遇到过寻找上帝的人呢？

15. 根据旧律，撒马利亚人对于教会而言就是异教徒。"完美的"纯洁派（在其他教徒之中）对于相当数量的神学家来说，就是神父与教士眼中的撒马利亚人。由此，对那些听认撒马利亚人遭受屠杀并鼓动西蒙·德·蒙福特①的人们，我们该怎么想呢？

这个寓言本应告诉教会永远不要驱逐任何对邻人施爱的人。

16. 在我的能见范围内，摩尼教与基督教有关善与恶关系的观念之间，并不存在真正的不同——若有也只是在表达的形态上。

17. 摩尼教传统是那些认为若人们以足够的怜悯与关注研究它就能保证在其中找到真理的传统之一。

18. 挪亚作为"基督的一种面貌"（见《创世记》），一个正义的完美，他的牺牲取悦于上帝并且拯救了人类。他身为上帝由之与所有人联系起来的人，他的醉态与裸

---

① 西蒙·德·蒙福特（Simone de Montfort，1150—1218）：著名宗教人士，参加过第五次十字军远征。

露应很可能是神秘意义所期待的。在这种情况下，希伯来人可能歪曲了历史，就像闪米特人和迦南人的屠杀者那样。含可能参与了挪亚显示裸体的行为，而闪和雅弗则可能拒绝看见父亲的裸体。

亚历山大的克雷芒提到一个先知，他肯定地说菲尔库德斯（pherekydes，毕达哥拉斯的老师）的隐喻神学是从《含的预言》那里转借来的——菲尔库德斯是叙利亚人。他说过："宙斯在创世时刻就把自己变成爱……"这个含是挪亚的儿子吗？

让人这样想的是家族系谱。埃及人、腓力斯人（地中海东岸的古代居民，很可能是爱琴-克里特人或佩拉斯热人）、腓尼基人、苏美尔人、迦南人——换句话说，全部衔接古代历史的地中海文明——都起源于闪族。

希罗多德——有很多遗迹证明确有其人——确认希腊人是通过腓尼基人和佩拉斯热人的中介从埃及获取了他们全部的形而上学的和宗教的知识。

我们知道，巴比伦的传统来自苏美尔人，由苏美尔人可再追溯到"迦勒底智慧"。

（同样，高卢人的德落伊教很可能是古伊比利亚人的，而不是凯尔特人的。因为，据狄俄热纳·拉埃赫斯说，希腊人在其中看到一种希腊哲学的根源，可以说，与凯尔特人后来到达高卢的说法不相容。）

以西结在其光辉篇章中把埃及类比为生命之树，把弟勒类比为保护他的二品天使。以西结完全证实了希罗多德对我们说的话。

源于含的民族——首先是埃及人——似乎都经历过真正的宗教——爱的宗教,即上帝在其中既是被牺牲的受难者又是强大无比的主宰的宗教。而源于闪或雅弗的民族中,有一些——如巴比伦人、凯尔特人、希腊人——在征服或占领了源于含的民族以后接受了他们的这种启示。而另一些——罗马人、希伯来人——由于自傲及强力意志拒绝这种启示(希伯来人中,但以理、以赛亚、《约伯记》的作者及其他一些人例外;罗马人中,马可·奥勒留以及在某种意义上讲的像普劳图斯[Plaute]和卢克莱修[Lucrèce]那样的人可能也是例外)。

基督诞生于属于这两个反叛民族的土地上。但是,位于基督教中心的神示是佩拉斯热人、埃及人和闪族人宗教的姐妹。

然而,以色列和罗马在基督教中打上了他们自己的标志。以色列把《旧约》作为圣文放进基督教,罗马则把基督教变成罗马帝国的官方宗教,成为希特勒梦想获得的东西。

这几乎是原始的双重污点,可以解释在多少世纪中使得教会历史变得如此残酷的一切污迹。

与基督钉上十字架同样可怕的事情,只有在罪恶大大战胜善良的地方才可能产生。而教会也是诞生、成长于这样一个地方,它从一开始就是不纯洁的,而且永远是不纯洁的。

19. 教会只有在某种关系下作为圣事的保护者才是完全纯洁的。真正完美的不是教会，而是祭坛上基督的鲜血和身体。

20. 教会似乎并非没犯过错误，实际上它在演变之中。在中世纪，由于教会的普遍权威，人们从字面上理解"教会之外不可能得救"的话。至少，文献记载似乎清楚地表明了这一点。而今天，人们是在看不见的教会的意义上理解这句话的。

教谕宣称要开除一切不相信基督"……任何不从水与圣灵再生的人……"的说法的人，水这个词指的是洗礼用的材料。按这种说法，今天所有的神父都应被开除。因为，如果像今天人们普遍认为的那样，一个既没有也不想受洗的人也能获救，那在某种意义上讲，他就应该在水和圣灵中——必然是象征性地——再生。

有一条教规宣称要开除那些没有特殊神示就自称肯定能坚持到底的人。里兹约的圣·达莱丝临死前说自己肯定能获救，但她并没有援引任何神示。而这并不妨碍她被列为圣人。

如果问不同的神父，这样的事情是否属于严格意义上的信仰，那就会得到不同的答案，而且经常会是怀疑的答案。这就造成一种荒谬的局面：教规是如此严格，以至于圣·托马斯能够传播上述结论。

这里面有某些说不通的东西。

21. 特别是，相信一个人在有形教会之外能够获救，就迫使人们在完全不同的困难之下重新思考信仰的全部因素。因为整个教规都是围绕着相反的结论而构建起来的，今天，几乎没有任何人敢于支持这种看法。

人们还没有欲求认识这种重审的必要性。他们只是通过微不足道的巧计得以解脱，用拼凑的代用品和明显的逻辑错误来掩饰分裂。

如果教会不即刻承认这种必要性，那人们就会担心教会能否完成使命。

没有"重生"，没有内心顿悟，没有基督和神灵在灵魂中出现，就不会获救。如果在教会之外亦有获救的可能，那么，督教之外的个人或集体也就有接受神示的可能。在这种情况下，真正的信仰构成一种完全相异于构成相信这样或那样意见的信仰的参与。应该重新思考信仰的概念。

22. 几乎所有的宗教传统事实上都汇集直至同一。它们构建了每一种宗教传统的真理。

在印度、希腊、中国等国家实践的沉思，与基督教神秘主义者的沉思一样是超自然的。特别是在柏拉图与受难的圣·约翰之间有一种特别重要的关系。这种关系也同样存在于印度的《奥义书》和受难的圣·约翰之间。中国的道家同样也很接近于基督教的神秘主义。

（崇拜俄耳甫斯的）神秘教理与毕达哥拉斯主义属于真正的神秘主义传统。伊流西斯也同样。

23. 没有任何理由可以假设：在犯下与屠杀一个完

美生灵同样残酷的罪恶之后，人类会变得更好。而的确，总体来讲，它似乎也没有变得更好。

拯救位于另一个维度之中，那是一个永恒的维度。总而言之，没有理由在完美的等级与编年学之间建立一种联系。

基督教在世界上引入了这个从前不为人知的进化概念，而这个概念变成现代社会的毒药，并使世界非基督化。应该抛弃这个概念。

应该破除编年学的迷信以找到永恒。

24. 信条不是应肯定的东西，而是应该相隔一段距离以某种关注、尊敬及热爱观看的东西。这是一个青铜蛇，生气勃勃，似乎谁一看它，它就要活起来。这关注、爱慕的目光，由于回归的冲击，把灵魂中的光源激发出来，照亮了人类生活的每个角落。而教义，一旦人们肯定了它，它就失去了这种力量。

"基督耶稣是上帝"或"祭礼的面包和葡萄酒是基督的肉体和鲜血"这样作为事实说出的命题，严格说来没有任何意义。

这类命题的价值，与在一个事实（比如：萨拉札尔是葡萄牙政府的首脑）或一个几何定理的准确表述中所限定的真理，是决然不同的。

这种价值严格说来并不属于真理范围，而属于更高的层次。因为这是一种非理智可把握的、间接的即被效果所把握的价值。严格意义上的真理是属于理智范围的。

25. 奇迹并不是"信仰的证明"（我记不清是哪一次公会议诅咒的命题）。

如果奇迹构成证据，它们证明的也就太多了。因为一切宗教都有，并且总是有过它们各自的奇迹，包括那些最鲜为人知的教派。这说的是路济安教理中复生的死人。印度教传统中充满着这样的故事，而且至今在印度，人们还在说，由于奇迹的庸常，这些奇迹是一些没有价值的事件。

肯定基督教奇迹，或者它是唯一真实的而其他都是谎言，或者它是唯一由上帝引发的而其他都由魔鬼引发，这是一种可怜的方法。因为这种结论是专断的，由这种结论出发，奇迹什么都不能证明。它们自身倒需要得到证明，因为它们是从外部获得真实性的一个印记。

我们还可以这样谈论那些预言与牺牲。

基督引用 καλὰ ἔργα 时，没有理由翻译为奇迹。人们同样可以把它翻译为"成功的事业""出色的行动"。

根据我的理解，基督的思想就是要人们承认他即圣人，因为他不懈地专门行善事。

他说过："没有我的事业，他们就没有原罪。"但在把二者置于同一范围时，他还说过："没有我说的话，他们就没有原罪。"这样，他的话完全没有什么奇妙的，只不过是漂亮的话而已。

奇迹概念本身是西方的、现代的概念，它是与世界的科学观念相关联的，然而二者又是不相容的。我们称作奇迹的东西，印度人从中看到在极少数人中才能找到——经常是在圣人中才能找到——的特殊权力的自然效果。这些效果构成了神圣性的推断。

在《福音书》中，"符号"这个词并不是要表示更多的含意。它也不可能希求讲得更多。因为基督说过："很多人会对我说：难道我们没有以你的名字制造出一些符号吗？我会对他们说：远离此地吧，罪恶的制造者们……"他还说过："假预言家和假基督会突然出现，他们会提供大量的符号与奇迹，直至那些有可能被选中的人也会上当受骗。"《启示录》（13，3-4）似乎指出了伪基督的死亡和复生。《申命记》说："如果一个预言家宣告了一个新的上帝，即使他做出奇迹，也要杀死他。"

犹太人杀死基督之所以错误，不是因为他的奇迹，而是因为他的生命的神圣，因为他的言论是美好的。

在那被称为奇迹的事实的历史真实性之中，并不存在足够的动机肯定这种真实性或断然地否定它。

如果人们承认这种真实性，那就存在好几种可能的方式，以设定这些事实的性质。

其中一种方式与世界的科学观念相容。因此，它是更可取的。要正确理解世界的科学观念，就不应该把它与真正的信仰相分离。上帝把这个世界创立为一块由次要因素编织成的编织布，在这块布上似乎有一些为不敬虔的言行而设置的洞孔，好像上帝不损害自己的作品就无法达到他的目的。

如果承认这样的洞孔存在,那上帝不制造这样的洞孔以拯救痛苦中的无辜者就是丑闻。加在无辜者身上的痛苦只有通过沉思和对必然的接受才会在灵魂中出现。这种强制是对次要因素的严厉禁锢。否则,人们就被迫求助反过来否认无辜者不幸的事实本身的一切方法,随之而来的是曲解有关人类命运的一切智慧,以及基督观念的核心本身。

如果承认一种足够先进的科学,能够分析所谓的奇迹的事实这样一个命题,那这些事实与世界的科学观念是相容的。

这样的命题并不会消解这些事实与超自然物之间的联系。

一种事实能够以三种方式与超自然物相联系。

某些事实或者能够成为从肉体产生出来的东西,或者成为魔鬼行动作用于灵魂的东西,或者成为上帝行动的结果。因此,一个人为肉体的痛苦而哭泣,在他身边,另一个人则会在那里心怀纯洁的爱因想到上帝而哭泣。在这两种情况下,都有眼泪。这些眼泪是一种心理—生理性和机械活动的结果。但在其中一种情况下,这种机械活动的齿轮是超自然的,这就是爱德。从这个意义上讲,尽管眼泪是一种如此普通的现象,一个圣人在真正沉思时的眼泪也是超自然的。

从这个意义上讲,也只有在这个意义上讲,一个圣人的奇迹是超自然的。它们是在与爱德的所有物质结果同样的名义下成为超自然的。纯粹的爱德完成的施予，是一种和水上行走同样伟大的奇迹。

一个在水上行走的圣人完全类似于一个正在哭泣着的圣人。在两种情况下，都存在爱德即为其转轮的心理—生理的机械运动——奇迹就在此，爱德应该能够成为这种机械运动的转轮，而且它的效果显而易见。可见的后果在一种情况下是在水上的行走，在另一种情况下则是眼泪。前者较少见。这是唯一的区别。

是否存在某些肉体永远不能产生而只有机械运动（作为转轮进入其中的或是超自然的爱，或是魔鬼式的恨）才能产生的事件呢？水上行动是否属于此列？

这是可能的。我们孤陋寡闻，以至于不能在这方面断然肯定或否定。

有没有一些肉体与魔鬼的仇恨都不能产生，而只能够引出在其转轮中拥有爱德的机械运动的行为呢？这样一些行为成为神圣性的界限。

可能会有。我们对此还是知道太少，不能断然肯定或否定。但出于同样原因，若这样一些行为存在，于我们是毫无用处的。它们也不能成为我们的标准，因为我们完全不能肯定它们的主体。而不肯定的东西不能使另一件东西肯定。

中世纪曾被神圣的物质标准所困扰。这就是寻找点金石的意义所在。对圣钵的寻求似乎也是同样的主题。

真正的点金石，真正的圣钵，就是圣体。基督在把一种无形的、也可以说是纯粹约定的（只不过这约定被上帝认可）奇迹置于教会的中心的同时，就向我们指明了我们想到的奇迹应该是什么。

上帝要始终隐身。"你们的天父居于隐处。"

即使希特勒能死而复生五十次，我也不会把他看作上帝之子。但如果《福音书》忽略了基督再生的任何说法，信仰于我反而更加容易。仅有十字架我就觉得足够了。

对我来讲，真正奇迹的证据，就是有关基督受难的叙述中所表现出来的完整无缺的爱，还有以赛亚光芒四射的话语："他尽管挨骂、受辱，还是不会张口。"还有圣·保罗所说："他并没有与上帝一起把平等视为战利品……他献出自己的一切……他一直顺从直至死亡，直至十字架上的死亡……他曾成为人们诅咒的对象。"正是这些使我相信。

对奇迹的无动于衷并不会使我为难，因为十字架受难在我身上造成了与在其他人身上的再生同样的效果，但并没有受到教规的驱逐。

另一方面，如果教会不澄清对所谓奇迹行为满意的理论，那么许多灵魂就会由于它表面显现的宗教与科学之间的不相容性引起的错误而迷失方向。其他一些人的迷失，则是由于相信上帝经常因一连串的次要原因以一种特殊的意向制造特殊事件，他们把与上帝毫不相干的所有暴行的责任都归咎于上帝。

通常意义上讲的奇迹的观念，或者会妨碍无条件地接受上帝的意志，或者会使人们看不见人世间罪恶的数量与性质——显然，这在隐修院内部，甚至在一个强制性团体内部，都是很容易发生的事情。

于是，我们注意到，在许多虔诚的甚至神圣的灵魂中有一种可悲的稚气。若人类的命运不为人知，《约伯记》就可能从来没有写过。在这些灵魂看来，只有这样的情况：一边是罪人，另一边则是歌唱着死去的牺牲者。这就是为什么基督教信仰并不像火灾那样从这个灵魂侵越和蔓延到另一个灵魂之中。

最后，如果奇迹具有人们赋予它们的性质与意义，那今天奇迹的稀少（尽管有卢尔德圣地及遗迹）就可能使人相信教会几乎不再与上帝相关。因为复活了的基督说过："信仰过的、并且将接受洗礼的人会得救，而不相信的人将受到惩罚。这就是伴随那些信仰的人的符号。他们将以我的名义驱走魔鬼，将使用新的语言，将能降伏毒蛇；他们若服了致死的毒药，不会遭受丝毫危险，只要为自己祝福就能康复如初。"

按这样的标准，今天有多少人是信徒呢？

（幸亏这段话可能不是真的，但《圣经》承认它。）

26. 信仰的奥义不是作为可以肯定或否定的能力的理智的对象，也不属真理范围，而是高于这个范围。在人的灵魂中，唯一能够与信仰的奥义真正相遇的部分，就是超自然的爱的能力。因此，唯有它能够参与信仰的奥义。

灵魂的其他能力的作用——从理智开始——都仅仅是承认超自然的爱与之相遇的东西，这些现实是高于属于它们的对象，而且承认，从超自然的爱以现实的方式在灵魂中苏醒时起就应该保持沉默。

慈悲的道德，是实施超自然的爱的能力。信仰的道德是使灵魂中的一切能力都隶属于超自然的爱的能力。希望的道德则是灵魂转向一种改造，经过这种改造，灵魂将完全并且仅仅成为爱。

为了服从爱的能力，其他能力应在爱中找到各自的善。特别是理智，它是爱之后最可宝贵的能力。这是千真万确的。

当理智为使爱拥有整个灵魂而沉默之后又重新活动的时候，它就比以前包容了更多的光明，并且拥有更强的信心把握属于他的对象与真理。

再者，我认为这些沉默对理智来讲，成为任何其他教诲都无可比拟的教诲，并且能使理智把握那些总是对它隐藏的真理。

有一些真理是理智在所能及的范围内可以把握的，但是它只能凭借不可知物经过沉默之后才能把握真理。

这难道不正是受难的圣·约翰用沉夜命名信仰时所要说的吗？

理智只能通过体验，事后认识到这对爱的隶属的种种优越。它不能在事先思考这些。它事先没有任何合理的意图去接受这种隶属。因此，这种隶属是超自然的、由上帝单独制造出来的。

最初的沉默，只有片刻时间，它凭借整个灵魂为超自然的爱而产生，这是播种者撒下的谷粒，是几乎看不见的，有一天会变成受难之树的黑芥种子。

同样，当人们真正关注一段美妙无比的音乐时（建筑、绘画等也一样），理智在其中并没有找到任何可以肯定或否定的东西。但是，灵魂的一切能力——包括理智——保持着沉默，全神贯注于倾听。倾听才契合于一个难以理解而又包含着真理与良善的对象。理智在其中不把握任何真理，而是要从中得到养料。

我认为，在自然与艺术（仅指第一流的、完美或近乎完美的艺术）中，美的奥秘是信仰奥秘的可感反映。

27. 人们把一种恒常的、无条件的、怀着敬畏的关注——而不是参与——的立场归为教会认为应该围绕信仰奥秘所得出的结论，特别归于教会的种种审判（anathema sit——逐出教会）。

理智的参与从来不归于任意的什么东西。因为它从未在任何等级上归属于自愿的东西。唯有关注是自愿的。因此它是构成义务的唯一物质。

如果人们要自愿在自身中促使理智的参与，那产生出来的并不是理智的参与，而是启示的参与。帕斯卡尔的方法正是回归于此。没有任何东西可更多地降低信仰的价值，而在怀疑与"对立于信仰的意向"的形式下或早或晚都必然会产生一种补偿的现象。

没有什么比关于理智义务的错误观点更易削弱信仰,更易传播对宗教的怀疑。除去把理智强加在实施其功能的关注本身,任何义务都会使灵魂窒息。整个灵魂,而不只是理智。

28. 就教会强加于理智的某种有关关注的教诲而言,它有关信仰的裁决是正确的。这同样也是因为,它阻止理智进入一无所知的奥义领域,并且阻止理智在其中放任漂流。

但就这裁决在理智固有的真理进行研究的过程中阻止理智完全自由运用凭爱的沉思在灵魂中传播的光明而言,它又是完全错误的。完全的自由在自己的领域中对理智来讲是根本的。理智应该或者以完全的自由实施自己的功能,或者干脆保持沉默。在理智范围内,教会没有任何权利进行裁决。因此特别要指出:一切有关证据的"裁决"都是不合法的。

由于"上帝存在"是个理智的命题,仅仅在这个范围内,人们可以否定它,而不会犯下任何反对仁慈和信仰的罪(即使这种否定是以临时的名义做出的,它也成为哲学探索中的一个必要阶段)。

事实上,从一开始起,或差不多从一开始起,在基督教中理智就难以存在。这种困难是由于教会设定自己的裁决权力的方式,特别是使用逐出教会的权力。

凡理智难以存在之处,就有社会行为对个体的压迫,这种社会行为会成为专制。特别是在十三世纪，教会开始建立专制主义。由此，教会在现实事物中就不是没有责任的了。各种专制党派由于"驱逐出教"公式的机械论后果而成立起来。

这种公式和由之制定的常规，阻止教会成为名义之外的宗教。

29. 在基督教之前，在以色列或以色列之外，不知有多少人在对上帝的爱与认识方面可能与基督教的圣人同样深入。

基督诞生以来，处在天主教教会之外的那一部分人（"不虔诚的人""异教徒""不信教者"）也有对上帝的爱和认识。更广义地讲，认为从基督诞生以来基督教民族比某些非基督教国家——例如印度，对上帝拥有更多的爱与认识，这种说法值得怀疑。

30. 两个都在出生后几天死去的孩子，一个受过洗，一个未受洗，他们的永恒的命运很可能相同（尽管后者的父母未曾有任何让孩子受洗的愿望）。

31. 在所有《旧约》的记载中，只有很少一部分（《以赛亚书》《约伯记》《雅歌》《但以理书》《以西结书》等的一部分，《诗篇》的一部分，《创世记》的开头部分……）是基督徒的灵魂可以吸收的，某些内容则要通过其他公式转述方可吸收。其余部分就难以吸收，因为它们缺少基督教最核心的真理，希腊人对这种真理知道得很清楚，那就是可能有无辜的不幸。

在希伯来人眼中（至少是在迁徙之前，少数人除外），原罪与不幸、道德与富足联结太紧，这就使耶和华成为人间的而不是天上的圣父，是可见到的而不是隐身的。这因此是一个假上帝。一种纯粹仁爱的行为不可能与这种观念协调一致。

32. 我们可以提出以下公设：

任何与纯粹爱德的运动不相容的有关上帝的观念都是错误的。

而所有其他在不同层次上的观念都是真实的。

对上帝的爱与认识，实际上不可分离，因为《传道书》中说："奉献与对上智的忠心不可分。"

33. 《创世纪》中的创世及原罪起源的故事是真实的。

但是，在其他传说中的有关创世及原罪起源的故事也是真实的，并且同样包含着无比珍贵的真理。

它们是难以用一人的话语表述的唯一真理的不同反映。人们可以通过这些反映中的十种反映预感到真理。通过几种不同的反映，人们对真理的感觉会愈加敏锐。

（特别是在广泛流传的民间传说中，包含着精神性的瑰宝。）

34. 教会似乎没有完美地完成捍卫信理的使命，差得还很远。这不仅因为教会补充了过多的教谕、限制和禁忌，还因为它肯定已经失去了一些珍宝。

作为见证留下的《新约》的一些篇章具有令人惊羡

之美，然而今天却完全难以理解，那么，它们以前也不应总是美的。

——首先，几乎是全部的《启示录》。

——有关圣·约翰的段落："……基督通过水与血来临。不仅仅在水中，而是在水与血中……精神、水和血三者可做证明，而三者又归于统一。"同一个圣·约翰强调的是从基督肋部流出来的水和血。

——与傻瓜交往也同样十分神秘。

——圣·保罗："……您应该扎根并确立在爱之中，为的是能像一切圣人那样获取把握什么是长、宽、高、深的知识，并且认识能够融会贯通任何知识的东西，即基督之爱。"奥利金①很快就脱离了圣·保罗，他以最平淡的方式评论了这一优美段落。

——圣·保罗关于东正教的段落："没有父亲，没有母亲，亦无家系，是为着永恒的祭师，同化于上帝之子。"

——肉体再生的信理。活着的肉体会腐烂，"精神的肉体"（嘘气，是否应想到萌芽中的毕达哥拉斯的"普纽玛"理论？）则是永恒的。这种理论与赋予贞洁的重要性之间的关系。（"无论犯下什么罪，都不影响自己的身体，唯有淫乱害了自己的身体。""食物是为着肚子，肚子是为食物；上帝会把这二者都毁坏。但我们的身体不是为

---

① 奥利金（Origène，185—254）：用希腊语写作的著名基督教学者。

着行淫，而是为主而存在的，而主供应我们身体的需要。")（"身体"如此奇特地对立于"肚子"，那"身体"这个词在此是什么意思呢？）

印度教理在这上面投下一道比我所知的任何基督教篇章都要明亮的光。据我所知，基督徒从来没有说过为什么贞洁（特别是童贞）具有精神的价值。这是一个大空白，致使许多灵魂远离基督。

——以人为目的的拯救理论（正如阿伯拉尔明确指出的：这种理论完全不可知）与表面看来正相反，被"上帝曾要给他的儿子许多兄弟"的话指明缺乏理论之间的关系（我们本应由于肉身化而被创造出来）。

圣·保罗有时以很奇特的方式表达法律与罪之间的神秘关系，印度思想也提供了一些理解的借鉴。

——坚持重复诸如"……吊在树上""进行诅咒"这样的话。——这里有某种失不复得的东西。

——基督对以色列最纯粹的精神代表法利赛人持异常强烈的反对态度。虚伪、狭隘、腐化，这些由人的弱点引起的所有种类的宗教人士的共同罪过，并不能解释这种强烈的态度。以极其神秘的声音说出的一句话，表明了另外的意思："你们夺走了知识的钥匙。"

毕达哥拉斯派把上帝与创世之间的中介命名为"钥匙"。他们也以此命名和谐。

——"因为你们的天父是完美的，你们也应是完美的。"这句话下面紧接的是"你们的天父是诸神的父亲，他升起的太阳普照着恶人与善人,他降的雨撒落在不义之人与义人头上",这话包含着一整套理论。就我所知,这理论并没有在任何地方继续展开。基督把人们总是用以谴责上帝的非正义的东西(比如《约伯记》)引述为上帝正义的最高特点,也就是说,上帝不加区别地帮助好人与恶人。

在基督的教诲中,应该有某种虚怀的道德概念,它类似于在希腊斯多亚主义和印度思想中可遇见的某些思想。

基督的这句话使人想起普罗米修斯的呼喊:"上天对所有人来讲,都是共同光明由之运转的上天……"

(再者,这种光明和水很可能也具有一种精神的意义,也就是说,一切人——在以色列内与以色列之外,在教会中或教会外——都是由神恩那里流溢出来的,尽管大多数人否认这神恩。)

这就与认为上帝像任性的君主专断地给某个人多一些恩惠而给另一个人少些恩惠的流行观念完全相反。这种说法的借口是:上帝并不归于神恩。上帝把善的全部归于施予每个受造物固有的无限美德。特别应该想到,上帝在每个人身上不断散布神恩的全部,但人们却是或多或少地赞成它。上帝在纯粹精神方面满足所有人的欲求。欲求较少的人要求也就较少。

——用"言"(verbum)翻译"逻各斯"表明已失去某种东西,因为逻各斯($\lambda o y o s$)在柏拉图与毕达哥拉斯那里首先要说的是关系，它还是数（apIθμos）的同义词。——关系，就是和谐。——和谐，就是中介。——我这样翻译：中介存在于起始。

（《约翰福音》的整个开始都非常模糊。"那光是真光，来到世上照亮全人类"这句话与施洗礼的天主教教理绝对相悖。因为从那时起，圣言就隐秘地居于每个人的身上——受过洗的或未受过洗的，并不是洗礼致使圣言进入灵魂。）

我们还可以引述许多其他章节。

一方面，是一部分信徒的不理解，即使在圣灵降临节以后（皮埃尔轶事与高乃依已证明），另一方面，是因迫害引起的屠杀。这些都可解释在宣教中的某种不足。在公元二世纪初，所有或几乎所有对此已经理解的人都被杀害了。

礼拜仪式也包括神秘的话语。

—Beata（arbor）cujus brachiis—Pretium pependit sae - culi—Statera facta corporis. —Tulitque praedam Tartari.（树枝叶茂密——时代的果实下坠——这个人的精致天秤——他带走了地狱的战利品。）

天秤的象征意义深刻。在埃及思想中，它起了十分重要的作用。当基督受难时，太阳处在白羊星座，月亮则处在天秤星座。请注意，这个标志曾被命名为"巨蟹星座的螯"。作家们只是在基督纪元前不久（一个月之前，太阳是在双鱼星座，月亮则在室女星座；参见双鱼星座的象征意义）才开始给它起了"天秤"的名字。

若人们想到这个隐喻，那阿基米德所说的"给我一个支点，我就能动摇整个世界"的话可说是一种预言。支点是十字架，即时间与永恒的交点。

Sicut sidus radium — profert Virgo filiium — pariforma — Neque Sidus radio — neque mater filio — fit cor - rupta. （如同星光一样亮——处女诞生了儿子——形象出现了——不像星星对于光辉——也不像母亲对于儿子——坏事就做成了。）这些诗句读起来有一种奇特的声音。

前面的诗节：Sol occasum nesciens — stella semper ruti - lans — sempr clara. （太阳会落下——星星闪烁——发光。）由于与印第安人传说相近而变得更加出色。太阳爱上了一个头领的女儿，但她拒绝一切追求者。太阳于是装成生病的、几乎失明的一贫如洗的年轻人下到人间。一颗星星陪伴他，并且化身为他的祖母——贫苦的老人。头领要通过竞争决定把女儿给谁，规定了特别艰难的竞争项目。可怜的年轻人尽管有病，睡在草垫上，却出乎意料地成为唯一的成功者。头领的女儿尽管对他反感，还是忠实于父亲的诺言嫁给他。不幸的年轻人突然变成了君主，并且把妻子的头发与衣服变成金色。

然而，我们似乎不能把这个传说归于基督教的影响。

在圣人节的礼拜仪式中，ipse lignum Tunc notaVitdamna ligni ut solveret — arbor una nobilis：nulla silvatalem prdfert, frohde, flore, germine （于是木柴本身表明这一

事实：木柴被烧毁了，为了求得超脱——有一棵极好的树：没有任何树林能够生长出这样一棵好树，无论是从树叶、花朵或枝条方面来说）同样念起来声韵奇特。这些话光彩夺目，涉及今天已荡然无存的一种象征。此外，圣星期的全部礼拜仪式可以说具有令人心醉神迷的一种幽远的香气。

——圣钵的传说表明了一种在今天不可认识、无疑是在基督死后的那些年中形成的混合物，尽管这些诗篇是在德洛伊教与基督教之间的十二世纪写成的。

应该注意，尽管有关圣钵的诗篇明显地把基督教与非基督教的传说混合起来，教会却从来没有谴责过这些诗篇。

基督受难后，希律差不多马上就被送到里昂软禁起来，有许多随从陪同，其中应有一些是基督徒（可能是以实玛利的约瑟？），德洛伊教徒在几年后即被克劳德消灭了。

———一位可能是基督徒的六世纪时的埃及人努诺斯（Nonnos）写过一首《酒神节》的诗，但诗中只涉及希腊诸神与星相术，奇怪的是，它与《启示录》有许多相似之处，应该说它也受到类似上述所说的混合物的影响。

（注：其中还涉及一个利库尔喀王，这名字在《荷马史诗》中出现过。他变节后去进攻狄俄尼索斯，迫使这酒神流亡红海深底。他是居住在迦密山的阿拉伯人的国王。从地理位置讲，他只能影响以色列。）如果人们承

认，因为拒绝作为中介的上帝向埃及人揭示的苦难与拯救的概念，以色列人被看作应受到诅咒的民族，那也就会明白另外一些不可解释的东西：对宗教领域充满猎奇心的希罗多德，为什么从未谈起过以色列。应注意，以色列命中注定是基督诞生的摇篮——但以色列又注定要杀害基督。还应注意：经历许多波折之后，狄俄尼索斯与俄赛里斯是同样的神。如果我们知道埃及有关摩西历史的解释，我们很可能会十分惊异。

——前面提到《奥丹的文字》，如果不先于与基督教的任何接触，那它也是类似的一种混合，它也并非平常。

也许，在一开始曾有过基督的使徒以我认为正确的方式去理解"去培育那些民族"的话。

35. 凭借那充斥着公元初历史的深藏的奥秘去理解基督教，对于我们而言几乎是不可能的。

这种奥秘一方面是关于基督教与以色列的关系，另一方面是关于与各种族的宗教传统之间的关系。

在尝试开始时，若没有出现类似库萨的尼古拉所梦想的诸说混合论，那是绝对不可能的。没有任何证据表明教会谴责过这样的尝试（此外，库萨的尼古拉也没有受到过谴责）。而事实上，一切的发生又似乎像它们受到过谴责。

与亚历山大的克雷芒的蠢话相比——他甚至不明白希腊古典哲学与圣经宗教有什么样的紧密关系——肯定有一些人在《新约》中看到了这种宗教的成功。那这二者的有关著作变成了什么?

波菲利①说过:奥利金曾用毕达哥拉斯派和斯多亚派的秘密书籍,象征性地解释过以色列的圣经。但奥利金谈到希腊哲学时,曾宣称要抛弃它。为什么?因为它是对面的店铺?或因为其他某个原因?他要掩盖他欠它的债务?那又是为什么?

波菲利的这段话清楚地揭示,圣经完全是由隐喻构建而成的。

优西比乌②引述了这段话,并且论证波菲利是骗子,以说明奥利金的书始于"希腊化"。但他没有否认其他。

优西比乌还以极友善的口气引述了墨利托主教致马可·奥勒留的一封奇特的信。"我们的哲学首先在野蛮人中发展,但在人民中繁荣起来则是在伟大的奥古斯都帝国时代。"

这些"野蛮人"只可能是希伯来人。但这句话还包含什么意思?

奥古斯都死于公元 14 年,那时基督已成年。基督教尚不存在。

"我们的哲学"是否是指我们的"逻各斯"?基督,在希腊或意大利民族中,可曾有过锦绣年华(即青年时代)?

这位主教补充说,"我们的'逻各斯'与行善的帝国

---

① 波菲利(Porphyre,234—305):叙利亚的新柏拉图主义者。
② 优西比乌(Eusèbe,265—340):希腊基督教作家。

从其繁荣开始同时壮大起来的最可靠的证明是它没有受到过奥古斯都政权的任何欺侮。恰恰相反，符合所有人的愿望，它获得了无上的荣耀与光荣。"

人们总谈到"拿撒勒的隐居"，但却单单忘记，如果真是隐居，那人们就全然不会知道是在拿撒勒的隐居。

这就是我们从《福音书》中所知的约翰施洗礼之前基督的生活。

他生于伯利恒。幼年时就随家来到埃及，在那里度过一段时光（约瑟在希律死后来到埃及，但没有任何记载说明他是在希律刚一死就来到的；他可能是希律死了几年之后才来的）。12岁时，他在耶路撒冷度过复活节。他的父母被安置在拿撒勒（路加没有谈及埃及的流亡，这很奇怪）。他在30岁时由约翰施洗礼。而这就是全部。

这也是一个十分特殊的奥秘所在。

第三个奥秘是基督教与罗马帝国之间的关系。台伯要请基督入先贤祠，他先是反对迫害基督徒，后来改变了态度。华索—加勒巴的养子可能出生于基督教家庭（参看 M. 海尔马纳的著作）。如何解释图拉真（Trajan）等人——特别是马可·奥勒留——曾那么残忍地迫害基督徒？然而，但丁却让图拉真升入天堂……相反，科摩德（Commode）与其他邪恶之王还是偏向于基督徒。而后来，帝国又如何接受基督教为官方宗教？是在什么条件下接受的？又是以什么为交换条件不得不低就的？基督教会与恶魔之间如何串通？因为，《启示录》中的恶魔几乎可以肯定就是帝国。

罗马帝国是建立在如同纳粹主义对国家的专一崇拜基础上的专制、极端拜物主义的制度。但在这种制度统治下的不幸的人们中却潜伏着对精神的渴求。君主们一开始就懂得运用伪奥义熄灭这种渴望的必要,他们害怕真正的奥义出现,害怕它推翻一切。

曾经有人企图把伊流西斯教义传到罗马。但几乎可以肯定,这些教义——有足够证据可说明——已失去了它所有的真实内容。从罗马征服甚至更早一些时候起,在希腊,特别是在雅典,如此经常发生的残酷屠杀完全中止了教义传播,那些教义可能被某些在最初等级上接受的人重新改造。这就可以解释为什么亚历山大的克雷芒谈到此时表现出蔑视的态度,尽管他也可能曾被授以奥义。然而,传教的企图却失败了。

相反,德洛伊教徒以及狄俄尼索斯秘密教派的信徒遭到屠杀,毕达哥拉斯派和所有哲学教派遭残酷驱逐,埃及教派被取缔,基督教徒的待遇则是众所周知的。

那时东方宗教信仰在罗马的繁衍完全类似于今天神智学类型的教派的繁衍。据我们所掌握的材料看,在上述两种情况下,都不存在真正的教义,而是为赶时髦的人制造的东西。

安托南人在罗马帝国的残酷历史犹如一片沙漠中的绿洲。他们怎么可能迫害基督徒呢?

有人可能会问,由于秘密隐居,基督徒中间是否会引入某些的确是罪恶的因素？

特别应该重视赋予他们活力的末世思想。对王国复兴的期待激励并促使他们去进行最了不起的英雄行动。

但在两种情况下，一种期待也是一种严重的社会危险。

古代历史学家讲述的多是城市的历史，在那些城市里，在一个暴君为某个原因实施一项解放奴隶的措施之后，奴隶主们就不再能够使留下的奴隶顺从。

奴隶制如此残暴，以至于只有那些万念俱灰的被碾碎的灵魂才能忍受。一旦出现一线希望之光，往往就会发生反抗。

福音所包含的希望不应产生什么样的后果呢？福音不仅仅是拯救，它更应是对人世间的荣耀——基督——即将到来的准信念。

在《保罗书信》中，对主人提出一项施行仁慈与正义的要求，对奴隶就会提出十项劳动和应服从的命令。人们可以撇开基督教，用残留的社会偏见解释这些现象。但更可能的是，让信基督教的主人们趋于仁慈，比让笃信死后能入天堂的信基督教的奴隶们顺从要容易得多。

马可·奥勒留可能不赞成奴隶制，因为说希腊哲学除亚里士多德哲学之外都是为奴隶制辩护是错误的。根据亚里士多德提供的证据，一些哲学家曾谴责这种制度是"彻头彻尾违反自然和理性"的。在《政治家》中，柏拉图只是设定，在罪犯中使用奴隶是合法的，就像我们今天的监狱中强迫劳动的情况一样。

但是,马可·奥勒留首先赞成的是维持秩序的职业。他苦涩地对自己重复这一点。

天主教徒们很愿意用从不协调到异端的社会危险来证明对异教徒的屠杀是正确的。他们没有想到,公元最初几世纪中对基督徒的迫害,若用同样的证明——至少以同样的理由——来说明,那就值得怀疑。无疑,会有更多的理由,因为,没有任何异端包含着如此震撼人心、几乎可以说是笃信基督——王就要到来的思想。

可以肯定,帝国中奴隶的反抗浪潮使得整个国家陷入可怕的混乱无序中。

在康斯坦丁时代,等待末日的论调已成为陈词滥调。另一方面,对基督徒的屠杀,由于阻碍了最深刻理论的传播,可能——甚至是极可能——从基督教中清除很重要的一部分精神内容。

康斯坦丁与基督教一起完成了克劳德与伊流西斯没有完成的事。

但是,对于帝国来讲,它的正式宗教作为被征服国家(比如埃及、希腊、高卢——传统的继续和完美结局,这些传统由于罗马践踏而衰落)而出现,这既没有意义也没什么光荣。对以色列来讲,这并不重要。首先,新法律与旧法律相去甚远;其次,特别是,耶路撒冷完全不复存在。留下的旧法律精神由于与任何奥义都相差很远,与罗马精神并不那么相异。罗马能够适应军队的神。

因为一开始就阻止许多基督徒认识基督徒与"教徒"真实思想的类似，所以即便是犹太民族精神，对于罗马来讲也成为基督教的一种有利成分。这种精神是奇怪的，它甚至传播到改宗的"世俗者"之中。

罗马和所有殖民国家一样，从道德与精神上拔掉了被征服国家的根。这永远是殖民征服的结果。问题不是还给这些国家自己的根，而是要再拔得多一点。

[作为结论，应该注意到，一直被教会陈述的唯一世俗预言是西卜林（Sibylline）的预言，罗马传统与它合并。（此外，在罗马确实有一种对救世主的期待，类似于未定的同时还是对肉体的期待。这在《牧歌》其四中表现得很清楚。）]

基督教受到以色列与罗马的共同影响，取得极大成功。至今，哪里有传教士传教，哪里就有同样的拔根行动。

显而易见，这一切构成一连串的假设。

但还有一种准信仰，即人们要隐瞒某种东西，而且成功了。有这么多站不住脚的教文，历史上有那么长的时间笼罩着黑暗，并不是偶然的事情。

很可能会发生一次对文献的系统破坏。

柏拉图躲过了这次破坏？由于什么幸运？但是我们没有看到埃斯库罗斯的《解放了的普罗米修斯》，它会使我们对普罗米修斯故事的真正意义有所了解，普罗米修斯与宙斯之间的爱在《被缚的普罗米修斯》中已有表现，不过只是刚刚涉及。还有多少其他的珍宝丢失了!

历史学家给我们留下了许多空白,却没留下任何可怀疑的东西,公元初几个世纪有关基督教的文字记载所留甚少。如果其中有不利于以色列优越地位的地方,就会被删掉。

然而,教会从未宣称犹太－基督教传统是唯一拥有圣经、圣事、对上帝超自然认识的传统。它从未宣称在基督教除以色列以外国家的神秘传统之间没有任何相似之处。这是为什么?这难道不是因为圣灵无论如何应防止它受谎言的欺骗?

这些问题在今天变得头等重要、紧迫和实际。因为,正如我们国家的全部世俗生活直接来自"世俗"文明一样,只要所谓的异教与基督教分裂的幻觉还存在,基督教就不会肉身化,就不会如它应该的那样包容全部世俗生活,它仍然与世俗生活分离,而且因此不发生作用。

如若我们明了希腊几何学与基督信仰是从同一源泉喷发出来的,那我们的生活将会发生多大的变化啊!

图书在版编目（CIP）数据

在期待之中 / (法) 西蒙娜·薇依著；杜小真，顾嘉琛译. 2 版. -- 北京 ：华夏出版社有限公司, 2025. -- (薇依作品集).
ISBN 978-7-5222-0913-5

Ⅰ. B972-53；K835.655.6

中国国家版本馆 CIP 数据核字第 2025UP8202 号

## 在期待之中

| 作　　者 | ［法］西蒙娜·薇依 |
| --- | --- |
| 译　　者 | 杜小真　顾嘉琛 |
| 责任编辑 | 王霄翎 |
| 责任印制 | 刘　洋 |
| 出版发行 | 华夏出版社有限公司 |
| 经　　销 | 新华书店 |
| 印　　装 | 三河市万龙印装有限公司 |
| 版　　次 | 2025 年 8 月北京第 2 版<br>2025 年 8 月北京第 1 次印刷 |
| 开　　本 | 880×1230　1/32 |
| 印　　张 | 8 |
| 字　　数 | 146 千字 |
| 定　　价 | 69.00 元 |

**华夏出版社有限公司** 地址：北京市东直门外香河园北里 4 号 邮编：100028
网址：www.hxph.com.cn　电话：（010）64663331（转）
若发现本版图书有印装质量问题，请与我社营销中心联系调换。